# Romancero gitano

**Federico García Lorca** nació en Fuente Vaqueros (Granada) el 5 de junio de 1898, y murió fusilado en agosto de 1936. A partir de 1919 estuvo en Madrid, en la Residencia de Estudiantes, conviviendo con parte de los poetas que después formarían la Generación del 27. Se licenció en derecho en el año 1923 en la Universidad de Granada, donde también cursó estudios de filosofía y letras. Viajó por Europa y América y, en 1932, dirigió la compañía de teatro La Barraca. Sus obras poéticas más emblemáticas son el *Romancero gitano* (1927), donde el lirismo andaluz llega a su cumbre y universalidad, y *Poeta en Nueva York* (1940), conjunto de poemas adscritos a las vanguardias de principios del siglo xx, escritos durante su estancia en la Universidad de Columbia. Entre sus obras dramáticas destacan *Bodas de sangre, La casa de Bernarda Alba* y *Yerma.*

# Federico García Lorca

## Romancero gitano

Prólogo de
David Uclés

Edición a cargo de
Víctor Fernández

**DEBOLS!LLO**

Papel certificado por el Forest Stewardship Council®

Penguin
Random House
Grupo Editorial

Primera edición con esta presentación: febrero de 2026
Primera reimpresión: marzo de 2026

© 2017, 2026, Penguin Random House Grupo Editorial, S. A. U.
Travessera de Gràcia, 47-49. 08021 Barcelona
© 2026, David Uclés, por el prólogo
© 2017, Víctor Fernández, por la edición, la introducción y la cronología
Mi agradecimiento a Anna Maria Iglesia y Rafael Inglada por su ayuda y consejos
para la edición de este texto. Igualmente quiero dar las gracias a María Fernanda Thomás
de Carranza y el Museo Nacional y Centro de Arte Reina Sofía por sus facilidades
para poder reproducir la ilustración de José Caballero.
© María Fernanda Thomás de Carranza, por la ilustración del Romance «Martirio de
Santa Olalla» de Federico García Lorca, colección Museo Nacional y Centro de Arte Reina Sofía
© Herederos de Luis Buñuel, por la carta de Luis Buñuel a Federico García Lorca
a propósito del *Romancero gitano*
© Fundación Gala-Salvador Dalí, por la carta de Salvador Dalí a Federico García Lorca
a propósito del *Romancero gitano*
Diseño de la cubierta: Penguin Random House Grupo Editorial / Laura Jubert
Imagen de la cubierta: Bridgeman Images

*Printed in Spain* – Impreso en España

ISBN: 978-84-663-8820-7
Depósito legal: B-21.443-2025

Compuesto en M. I. Maquetación, S. L
Impreso en Liberdúplex
Sant Llorenç d'Hortons (Barcelona)

P 3 8 8 2 0 7

# Índice

«—Dime más datos para tu solución de herencia.

—Yo no soy gitano.

—¿Qué eres?

—Andaluz, que no es igual, aun cuando todos los andaluces seamos algo gitanos. Mi gitanismo es un tema literario. Nada más».*

FEDERICO GARCÍA LORCA

* Federico García Lorca en declaraciones a Ernesto Giménez Caballero, «Itinerarios jóvenes. Federico García Lorca» en *La Gaceta Literaria*, Madrid, 15 de diciembre de 1928.

# Prólogo

## Cicutas de tu costado

Apenas leo poesía.

Las palabras exactas, la métrica que es música, la cascada continua de imágenes, el fervor por los márgenes pensados... Me abruma la poesía. Más la que se rige por normas físicas y estructurales, pero también el verso libre. Y es un pecado que, a veces, no oso confesar. Comprendo su dimensionalidad, la emoción que causa, a veces caricia y otras desgarro, y que de repente sea nada y de pronto un mundo. Sé que es un arte complejo y que es llave de emociones soterradas; espejo incómodo. Pero me abruma. No obstante, aprecio, consumo y construyo prosas llenas de lirismo. Me gusta encontrar las agujas en los pajares más que ver los alfileteros erizados. Me seduce más un verso suelto en mitad de un texto cualquiera que una secuencia ordenada de imágenes bellas. Si bien, si el poema está escrito por un amigo, la cosa cambia. Entonces no me sobrexcitan los versos y esas agujas cosen un cuerpo cuyas costuras conozco o intuyo, y cobran sentido y se espacian y no me asfixian.

Por eso leí a Lorca. Porque nos conocemos.

¿Cómo no voy a sentirlo cercano y amigo, si nació a unos olivos de mi tierra? De mi Jándula literaria, situada en la frontera de la provincia de Jaén con Granada, brotan todos los miembros de mi familia sin excepción. Y, aunque no lo he comprobado, lo sé: podría saltar de sombra en sombra de los olivos sin pisar el sol al mediodía y llegar de mi tierra a la suya, aun siendo vasta Andalucía.

El viento de cada tierra te desbroza de una misma manera. Y yo me veo reflejado en él en muchos aspectos: la conexión telúrica, la superstición como religión, la mirada nostálgica hacia el pasado, el tormento de nacer homosexual en el campo; la firma con la letra ele alargada —y juro que desconocía su grafía cuando la tracé por primera vez—; el gusto musical y las teclas del piano; la pintura y los dibujos de formas vanguardistas; la obcecación por recuperar la tradición oral; su gusto por las metáforas oscuras, la ronda de la muerte en torno a nuestros personajes... No arrojamos la misma forma literaria, pero me atrevería a decir que compartimos parte del imaginario. Espero no arrogarme ningún testigo lorquiano; tan solo veo similitudes y las señalo.

Por eso acepté prologar esta reedición, porque creo que, de haber escrito a principios del siglo pasado, habría formado parte de la generación del 27. Durante la década de los años veinte, Alberti publicó *Marinero en tierra* (1924) y Lorca, *Romancero gitano* (1928). En ellos, impresiona un conocimiento asombroso de la tradición poética oral y popular española, que les lleva al pleno dominio del metro corto y la rima asonante. Alberti quiere llevar hasta las últimas consecuencias ese proyecto de depuración expresiva. Por eso recurre a metáforas lexicalizadas, metáforas que no lo parecen porque las vamos gastando cada día, pero que a veces revelan intuiciones poéticas deslumbrantes. Por ejemplo, la metáfora del corazón como sede de los sentimientos:

*En sueños la marejada*
*me tira del corazón*
*se lo quisiera llevar*

Lorca, por su parte, hace de su *Romancero* un texto híbrido o, como diría él, «anfibio» —como el sendero de Preciosa—; popular en la versificación y los temas —el amor, el deseo, la violencia, la muerte—; vanguardista y aparentemente inaccesible en el lenguaje y las imágenes.

Sí, me habría seducido la corriente neopopularista. Yo también habría querido recuperar formas antiguas de nuestra poesía. Un romancero jiennense, quizás, se me habría pasado por la cabeza. Pero no habría conseguido ni siquiera acercarme a los octosílabos perfectos de Lorca: «con los ojillos cerrados», «Míralo por donde viene», «Aquí pasó lo de siempre», «Pero yo ya no soy yo», «Me porté como quien soy», «Acaban de dar las once», «¿Quién te vio y no te recuerda?»... Y aun menos a las *imágenes* de su poesía. Dudo si llamarlas «metáforas». En *La imagen poética de don Luis de Góngora*, conferencia que presentó con razón del tercer centenario de Góngora que dio el nombre al grupo del 27, escribe:

> Góngora tuvo un problema en su vida poética y lo resolvió. Hasta entonces, la empresa se tenía por irrealizable. Y es: hacer un gran poema lírico para oponerlo a los grandes poemas épicos que se cuentan por docenas. Pero ¿cómo mantener una tensión lírica pura durante largos escuadrones de versos? ¿Y cómo hacerlo sin narración? Si daba a la narración, a la anécdota, toda su importancia, se le convertía en épico al menor descuido. Y si no narraba nada, el poema se rompía por mil partes sin unidad ni sentido. Góngora elige entonces su narración y la cubre de metáforas. Ya es difícil encontrarla.

Está transformada. La narración es como un esqueleto del poema, envuelto en la carne magnífica de las imágenes.

Parece que estas palabras rigen el proyecto del *Romancero*; aunque, en él, por momentos, las imágenes de algunas composiciones parece que llegan a asfixiar y olvidar el relato —el «Romance de la luna, luna», la trilogía de los arcángeles dedicados a Granada, Córdoba y Sevilla—, mientras que en Góngora siempre orbitan alrededor de ese «esqueleto» exiguo. Pero es el precio a pagar por la liberación de las imágenes, por que la metáfora no solo se presente como un reto para la interpretación, sino que se suspenda como metáfora y se eleve como imagen sin referente, capaz de ampliar las facultades visionarias del lector: «¡Qué ríos puestos de pie/vislumbra su fantasía!», «La tarde colgada a un hombro», «Y otras muchachas corrían/perseguidas por sus trenzas»...

Todo el *Romancero* está construido sobre la tensión entre unas imágenes que quieren imponer su soberanía —su diálogo con el Góngora de las *Soledades*, no con el del Romancero Nuevo, mucho más decididamente conceptual— y la fuerza de atracción de la concentración narrativa, que atraviesa el conjunto, desde «Reyerta» a «Tamar y Amnón», y que es lo que a Lorca le llega desde el siglo xv y el Romancero Viejo —«Rey don Sancho, rey don Sancho», «El romance del prisionero»...

Y, sobre esa tensión, se erige y se entiende Andalucía, que Lorca resume sin caer en tópicas descripciones y sin nombrar apenas el territorio. «Un libro donde apenas si está expresada la Andalucía que se ve, pero que está temblando la que no se ve», dijo el propio Lorca de esta obra. Y acertó. El regusto tras la lectura es verdaderamente andaluz. Te deja con sabor a albero, cal e hinojo.

Quizás hoy Lorca lo habría titulado, directamente, *Romancero andaluz*. Se aprecia una exotización posromántica de la idea de «lo gitano» que puede resultar incómoda en la actualidad, pero que no opaca el compromiso del poeta con un pueblo marginado y oprimido. Esto se aprecia en la denuncia de la brutalidad de las fuerzas del orden, como en el «Romance de la Guardia Civil española»: «Los caballos negros son/Las herraduras son negras...», y se confirmará después en su mirada sobre la comunidad afroamericana en *Poeta en Nueva York*.

El *Romancero gitano* radiografía la tierra que me vio nacer mientras despliega un abanico enorme de imágenes preciosas y metáforas que hasta el instante de leerlas parecían imposibles, de maravillas líricas y surrealistas: algunos de sus versos los más bonitos escritos nunca. Y son tantos que escribirlos a continuación supondría reescribir el libro entero.

Quise preguntar a tres artistas contemporáneos muy ligados a Lorca qué versos son sus preferidos. Ian Gibson me confesó que le estaba pidiendo algo doloroso y muy complicado, pero cedió ante mi súplica: «El jinete se acercaba tocando el tambor del llano». El paisano Luis García Montero lo tuvo algo más claro, y, si tuviera que escoger un solo octosílabo del grupo, dijo que sería el breve y sucinto, sencillo y abierto: «El barco sobre la mar». Y Paula Ortiz, que de *Bodas de sangre* se nutrió para rodar *La novia*, se quedaría con: «¡Preciosa, corre, Preciosa,/que te coge el viento verde».

En mi caso, si tuviera que elegir solo una imagen de todas, sería esta: «Porque cicutas y ortigas/nacerán de tu costado». Al igual que nacen hoy imágenes que brotan de las páginas sin vida de su viva poesía. Sin embargo, por ser el autor de este texto, cuento con cierta libertad y elegiré varias imágenes poéticas del libro:

Los senderos donde lo mismo nacen laureles que cristales, como si fueran la desaparecida ciudad de Segóbriga; la luna que se pliega como el papel, y el viento que muere; y la copa de un olivo donde lloran dos viejas mujeres. ¿Acaso un sueño de Goya? Y hay silencios hechos de cal y de mirto, y gallos que cavan buscando el alba; sombras de mulos que cargan girasoles y corazones hechos de aceite; y ojos que se empañan de la noche y balas de almendra verde; limones que, cortados, tiñen de amarillo el río; limones que, exprimidos, lloran los rostros amargos...

¿Y qué hago yo como lector cuando leo que alguien está «sucio de besos y arena»? ¿Qué hago al leer que «el agua se pone fría para que nadie la toque»? ¿O cuando recuerdo al joven durmiente de Rimbaud al imaginarme «su cuerpo lleno de lirios y una granada en las sienes»? ¿Dejo de escribir? ¿Cierro el libro y no leo más nunca nada? ¿Me disfrazo de noviembre y desaparezco? O escribo este prólogo e intento atrapar en la misma red a nuevos lectores, para sentirme acompañado.

Fue generoso Federico. Lo fue tanto que incluso le ahorró a los suyos la pregunta más dolorosa de todas tras aquel fatídico día de agosto de 1936, cuando los olivos dieron luceros fríos y se acordó por última vez de la Virgen, pregunta que escribió diez años antes en este poemario:

> *¿Quién te ha quitado la vida*
> *cerca del Guadalquivir?*

Noventa años justos después, aún no lo sabemos, Lorca. No hemos podido coser la herida que tienes desde el pecho a la garganta. Y menos honrar el lugar de tu descanso. Pero doy gracias a Dios porque un ángel, a buen seguro marchoso, debió poner tu cabeza en un cojín.

> *Cuando yo ya no sea yo,*
> *ni mi casa sea mi casa,*
> nos daremos un abrazo, paisano.

DAVID UCLÉS

## Nota sobre la edición

«Te agradezco del todo la magnífica, la vehementísima fiesta de poesía a la que me has convidado. Pocas veces —¡qué pocas!— puede uno tan totalmente abandonarse a una fruición de belleza tan íntegra con tan absoluto contento.» Con estas generosas y amables palabras, Vicente Aleixandre escribía a Federico García Lorca tras concluir la lectura del *Romancero gitano*. El libro sigue siendo hoy en día esa «vehementísima fiesta» lírica y uno de los indiscutibles títulos que han forjado el prestigio de su autor.

En la presente edición invitamos al lector a leer esos poemas acompañados de la conferencia-recital que Lorca escribió para presentarlos. Asimismo se incluye una pequeña muestra del facsímil manuscrito de algunos de esos romances, una manera de poder acceder al taller creativo de Lorca. También se incorpora una ilustración del romance «Martirio de Santa Olalla», cuya autoría se atribuía a Salvador Dalí. No obstante, estudios recientes demuestran que fue obra de José Caballero, uno de los más estrechos colaboradores del poeta. Cuando la primera edición del *Romancero gitano* llegó a las librerías en 1928, algunos de los amigos del poeta mostraron su disconformidad. Son los casos de Luis Buñuel y Salvador Dalí, cuyas opiniones también enriquecen el ejemplar que usted, lector, tiene en las manos.

# Introducción

Es muy difícil que un libro de versos pueda convertirse en un fenómeno editorial, que coseche buenas ventas y que el conocimiento de su existencia vaya más allá de un lector especializado. Y resulta todavía más increíble, si cabe, que se reciten sus versos en cafés o en teatros antes incluso de que el libro salga de la imprenta. Pues bien, todo eso sucedió con *Romancero gitano*, de Federico García Lorca, publicado por primera vez en uno de los más prestigiosos sellos de la época: la editorial de la *Revista de Occidente*, fundada por José Ortega y Gasset. Con *Romancero gitano* nos encontramos ante uno de los títulos que forjan la leyenda del poeta granadino, una obra donde se combinan lo popular con la vanguardia y donde encontramos al gitano como tema: en estos romances, Lorca se identifica con una raza que siempre ha sido oprimida, la gitana, que, a la par, se convierte en una manera de entender Andalucía.

Pero empecemos por el principio, por la escritura de estos versos, que se remontan a 1923, durante su estancia en la Residencia de Estudiantes de Madrid. En ese momento, Lorca es un poeta prácticamente inédito. Ha publicado un libro de prosas basado en sus viajes estudiantiles y una recopilación de su poesía primera, pero todavía sin alcanzar el éxito merecido. En los cajones de su escritorio se amontonan manuscritos con proyectos que tardarán en materializarse.

En 1999 ingresaba en los fondos de la Biblioteca Nacional un conjunto de manuscritos del poeta, propiedad hasta ese momento de Rafael Martínez Nadal, uno de sus más íntimos amigos. Nadal vendió por unos 30 millones de pesetas varios poemas pertenecientes al *Romancero gitano*, *Poema del cante jondo*, *Poeta en Nueva York* y algunas prosas, entre las cuales la titulada «Sol y sombra». Por lo que se refiere al *Romancero gitano*, entre aquellos documentos se incluía una libreta encabezada con el título *Romances gitanos* y fechada el 29 de julio de 1924, en cuyas páginas el poeta empezó a poner en limpio —aunque con muy pocas correcciones— algunos de los poemas en los que llevaba trabajando casi un año. La libreta representa, además, la primera ordenación del *Romancero gitano* que se abre, al igual que en la edición definitiva, con el «Romance de la luna, luna». Además, entre los documentos relacionados con el *Romancero gitano*, con papel con membrete de la Residencia de Estudiantes, encontramos otros romances gitanos, todos ellos incluidos en la edición de la *Revista de Occidente*. Estos últimos materiales nos permiten deducir que estos romances fueron escritos en parte en la Residencia, lugar fundamental para la introducción de las vanguardias artísticas y literarias en la España de los años veinte y para la formación vanguardista del joven Federico García Lorca. De hecho, el poeta, a su llegada a este centro en la primavera de 1919, en su maleta traía consigo solamente textos propios que bebían de la influencia de los maestros del momento, como Rubén Darío, Antonio Machado o Juan Ramón Jiménez. Fue a través de su amistad con otros residentes, sobre todo con Luis Buñuel, Salvador Dalí, José María Hinojosa y Pepín Bello, que Lorca conocerá las nuevas corrientes artísticas y literarias que se están produciendo en Europa e introducirá en sus versos elementos próximos a ellas.

En el *Romancero gitano* hay una raíz andaluza, pero se trata de un andalucismo que poco tiene que ver, por ejemplo, con el exhibicionismo folclórico que caracterizaba en aquellos años el teatro de los hermanos Álvarez Quintero. La propuesta de Lorca, sin embargo, es mucho más sutil, al convertir al gitano en el vehículo a través del cual poder exponer su personal visión del sur, de una raza, la gitana, perseguida en España desde 1499, cuando los Reyes Católicos firmaron una pragmática en la que quedaron suprimidos los derechos que hasta entonces tenían como peregrinos. En su conferencia «Arquitectura del cante jondo», el poeta ofrece algunas pistas de su visión de este pueblo a partir de coplas y canciones gitanas, que Lorca define como «poemas de gente oprimida hasta lo último, donde se estruja y aprieta la más densa sustancia lírica de España: gente libre, creadora y honestísima casi siempre».[1]

En el *Romancero gitano*, el autor establece una identificación manifiesta entre el yo poético y los gitanos, como el propio Lorca confesaría en una entrevista concedida en 1931: «Yo creo que el ser de Granada me inclina a la comprensión simpática de los perseguidos. Del gitano, del negro, del judío..., del morisco, que todos llevamos dentro». En la misma entrevista, el poeta aporta otra valiosa pista respecto al contenido de su poemario:

El *Romancero gitano* no es gitano más que en algún trozo al principio. En su esencia es un retablo andaluz de todo el andalucismo. Al menos como yo lo veo. Es un canto andaluz en el que los gitanos sirven de estribillo. Reúno todos los elementos poéticos y locales y les pongo la etiqueta más fácilmente visible. Romances de varios personajes aparentes, que tienen un solo personaje esencial: Granada....[2]

En efecto, Granada y su provincia son la base de algunos de los poemas del libro, como es el caso, entre otros, del «Romance de la Guardia Civil», que muy probablemente toma elementos de noticias que el joven Lorca había leído de un suceso vivido en las Alpujarras. El poema, en el que se narra la destrucción de la «ciudad de los gitanos» a manos de este cuerpo policial, podría tener su origen en el siguiente episodio narrado por Federico a su hermano Francisco:

> El país está gobernado por la Guardia Civil. Un cabo de Carataunas, a quien molestaban los gitanos, para hacer que se fueran los llamó al cuartel y con las tenazas de la lumbre les arrancó un diente a cada uno diciéndoles: «Si mañana estáis aquí <u>caerá otro</u>». Naturalmente los pobre gitanos mellados tuvieron que emigrar a otro sitio. Esta Pascua en Cáñar un gitanillo de <u>catorce años</u> robó cinco gallinas al alcalde. La Guardia Civil lo ató un madero a los brazos y lo pasearon por todas las calles del pueblo, dándole fuertes correazos y obligándolo a cantar en alta voz. Me lo contó un niño que vio pasar la comitiva desde la escuela.[3]

En otra composición, «San Miguel», Lorca personifica la ciudad de Granada a través de la figura de este santo, cuya imagen tan admirada por el poeta se encuentra en la iglesia que hay en el llamado cerro de San Miguel, en el popular y gitano barrio de Sacromonte. Este «patrón gay de Granada», como así llama el biógrafo del poeta, Ian Gibson, a san Miguel,[4] forma parte de un tríptico andaluz de arcángeles, junto con san Rafael y san Gabriel; a cada uno de ellos Lorca dedica un poema en el *Romancero gitano* y, como hizo con san Miguel, hace de san Rafael y san Gabriel la personificación de Córdoba y Sevilla, respectivamente.

Uno de los protagonistas de otros dos romances es el gitano Antonio Torres Heredia, detenido por guardias civiles cuando trata de llegar a Sevilla para asistir a una corrida de toros, y más adelante es asesinado en una reyerta. La base del personaje, como pudo saber el investigador Agustín Penón, es, otra vez, la realidad: este «moreno de verde luna», como lo describe el poeta, estaba relacionado con su infancia en la Vega de Granada. Su nombre real era Luis Cortés Heredia, perteneciente a los Camborios, una familia de gitanos originaria del pueblo granadino de Chauchina. Aurelia González García, una de las primas favoritas de Federico, le explicó a Penón que Luis era

gitanísimo. ¡Gitano por los cuatro «costaos»! Toda su familia lo era, vivían en Chauchina y eran carniceros. Luisillo era muy guapo, tenía muchísima gracia y tocaba la guitarra como nadie. Era un artista, la emoción y el sentimiento que él arrancaba de su guitarra nos ponían a todos el vello de punta. En mi casa no había celebración que él no animara. Nos charlábamos con él. ¡Cómo alegraba las fiestas! Y muchas veces era Luisillo quien me acompañaba a la guitarra cuando yo cantaba. Era muy buen jinete y en cuanto se le avisaba para cualquier reunión, cogía el caballo y se presentaba con su guitarra.[5]

Cuando la inspiración no es la realidad más inmediata, Lorca bebió de sus maestros literarios, entre los que encontramos a Juan Ramón Jiménez, a quien el granadino admiraba profundamente. Su huella parece evidente en el «Romance sonámbulo», aquel que empieza con el celebérrimo verso

«Verde que te quiero verde». Resulta evidente el paralelismo entre el romance de Lorca y el poema «La Verdecilla», una deliciosa canción de Juan Ramón. El uso del color verde como eje cromático de la composición y la aliteración del término «verde», tan evidente en el poema lorquiano, tiene en Juan Ramón su precedente:

Verde es la niña. Tiene
verdes ojos, pelo verde.

Su rosilla silvestre
no es rosa, ni blanca. Es verde.

¡En el verde aire viene!
(la tierra se pone verde)

Su espumilla fulgente
no es blanca, ni azul. Es verde.

¡En el mar verde viene!
(el cielo se pone verde)

Mi vida le abre siempre
una puertecita verde.

En la creación del «Romance sonámbulo» tampoco podemos olvidar la «Rima XII» de Gustavo Adolfo Bécquer, aquella que comienza así:

Porque son, niña, tus ojos
verdes como el mar, te quejas;
verdes los tienen las náyades,
verdes los tuvo Minerva,

y verdes son las pupilas
de las huríes del Profeta.

No debe descartarse la profunda huella que la tradición más popular dejó en Lorca. Se dice que fue en las Alpujarras donde el poeta escuchó, en un cortijo de la zona, a un muchacho cantar una copla que decía:

Y que yo me la llevé al río
creyendo que era mozuela,
pero tenía *marío*.

Es el inicio de «La casada infiel». Conocedor de aquella anécdota, al leer aquellos versos en el *Romancero gitano*, a Francisco García Lorca, como contaría mucho tiempo después, le vino de inmediato a la memoria aquella canción alpujarreña y se la recordó a su hermano, aunque Federico dijo que eran una creación literaria enteramente suya y negó haberla escuchado antes.[6]

La vida de Lorca también se cuela en el *Romancero gitano*, no tanto en el contenido de los poemas cuanto a través de las dedicatorias. Por un lado, encontramos el «Romance del emplazado», que Lorca encabeza con las palabras: «Homenaje a Emilio Aladrén». Aladrén fue el escultor del que se enamoró profundamente y tal vez el responsable de la crisis sentimental que desembocó en su viaje/huida a Nueva York en 1929. Por otro lado, tenemos «Muerto de amor», romance dedicado a Margarita Manso, esposa luego de su amigo el pintor Alfonso Ponce de León. No es nada gratuito que Lorca decidiera dedicar ese poema a Manso, protagonista de un sorprendente episodio que hoy conocemos gracias al relato que de él hizo Salvador Dalí a Ian Gibson.[7] Según Dalí, la joven estaba fascinada tanto con el pintor como con el poeta, y fue ella la única mujer con la que Lorca mantuvo relaciones sexuales, un «sacrificio» que Dalí le pidió a su amigo como condición para que le demostrara lo muy enamorado que estaba de él. El pintor explicaría que, tras el acto, Lorca se comportó con sumo cuidado y gusto con Margarita, hasta el punto de recitarle unos bellísimos versos de «Thamar y Amnón», otra de las composiciones del *Romancero gitano*:

Thamar, en tus pechos altos
Hay dos peces que me llaman,
y en la yema de tus dedos
rumor de rosa encerrada.

Muchos de los romances aparecieron en algunas de las revistas literarias de la época; eran ya conocidos y recitados antes de ser llevados a imprenta. Rafael Martínez Nadal, quizá el responsable de la puesta en limpio de algunos de los manuscritos, recordaría que ya en 1927 había un compromiso para

entregar el texto a la *Revista de Occidente* y no daba señales de cumplir la promesa. Los amigos, que conocíamos su peculiar resistencia, le incitábamos constantemente. Un día que hablábamos de este asunto, abrió el cajón de su mesa y desplegó ante mí todos los manuscritos de los romances. «¿Tú ves? Así yo no puedo mandar eso a ningún sitio, y yo soy incapaz de escribir a máquina y no tengo nadie de confianza que me lo pueda hacer».[8]

Hacia noviembre de 1927, Lorca anunciaba a su familia que:

Como sabéis, publico el *Romancero* en la *Revista de Occidente*, cosa que tiene gran importancia si se tiene en cuenta que la *Revista* no quiere publicar versos, y esto es una rara excepción y, por tanto, un honor. Saldrá enseguida el libro, para diciembre. Yo ruego a Paquito que busque los romances en mis papeles y me los mande, pues aunque yo me los sé de memoria y los he vuelto a escribir, sin embargo me gustaría tenerlos. Ahora tengo obligación de escribir en todos los números de la *Revista* para hacer propaganda del libro. En cuanto termine de corregir pruebas y demás asuntos, me iré a Granada, que ya voy teniendo gana.[9]

En julio de 1928 llegaba a las librerías, por fin, el *Romancero gitano*, con una cubierta realizada por el propio autor. El éxito fue inmediato, y se agotaron pronto los 2.000 ejemplares de la tirada inicial. A finales de 1929, el mismo sello lanzaba una nueva edición. Cuando Lorca visitó Argentina, en 1933, la bonaerense editorial Sur también publicó el *Romancero gitano*, incluso en una edición limitada de un centenar de ejemplares firmados por el autor. Un éxito sin precedentes para un libro de versos español.

Sin embargo, el poemario llega a las librerías cuando sus preocupaciones líricas van por otro camino: en 1928, Lorca ya concebía su poesía de otra manera, alejada de la poética del *Romancero*. Sus amigos Buñuel y Dalí despotrican del libro recién publicado; el pintor le argumentará sus críticas en una extensa misiva que le enviaría en septiembre de 1928.[10] Lorca entendió sus argumentos y así se lo explicaría a su amigo Sebastià Gasch ese mismo mes de septiembre:

Ayer me escribió una carta muy larga Dalí sobre mi libro (¿lo has recibido ya? Te lo mandé hace unos días). Carta aguda y arbitraria que plantea un pleito poético interesante. Claro que mi libro no lo han entendido los putrefactos, aunque ellos digan que sí. A pesar de todo, a mí ya no me interesa nada o casi nada. Se me ha muerto en las manos de la manera más tierna. Mi poesía tiende ahora otro vuelo más agudo todavía. Me parece que un vuelo personal.[11]

El *Romancero gitano*, sin embargo, no abandonó nunca a su autor y se incluyó incluso un epílogo póstumo. El 22 de febrero de 1937, cuando ya era una evidencia que el poeta había sido asesinado por los fascistas, el escritor Antonio Otero Seco publicó una entrevista que había mantenido con él tal vez a principios de julio de 1936, antes del último y fatal viaje de Lorca a Granada. Testigo de la conversación era el abogado de Lorca porque, como recordó Otero Seco, «Federico García Lorca tenía por aquellos días un pleito muy curioso, que hasta ahora no ha transcendido al público». Así se lo explicó el protagonista:

No lo vas a creer, de puro absurda que es la cosa; pero es verdad. Hace poco me encontré sorprendido con la llegada de una citación judicial. Yo no podía sospechar de lo que se tratara, porque, aun cuando le daba vueltas a la memoria, no encontraba explicación a la llamada. Fui al Juzgado. ¿Y sabes lo que me dijeron allí? Pues nada más que esto: que un señor de Tarragona, al que, por cierto, no conozco, se había querellado por mi romance de la Guardia Civil española, publicado hace ya más de diez años en el *Romancero gitano*. El hombre, por lo visto, había sentido de pronto unos afanes reivindicatorios, dormidos durante tanto tiempo, y pedía poco menos que mi cabeza. Yo, claro, expliqué al fiscal minuciosamente cuál era el propósito de mi romance, mi concepto de la Guardia Civil, de la poesía, de las imágenes, del surrealismo, de la literatura y de no sé cuántas cosas más.

—¿Y el fiscal?

—Era muy inteligente, y, como es natural, se dio por satisfecho. El bravo defensor de la Benemérita se ha quedado sin lograr su propósito de procesarme.[12]

En realidad, Lorca fue denunciado por un peculiar anarquista barcelonés llamado Manuel Navarro Celma, peleado con Espasa-Calpe y que usó el *Romancero gitano* para vengarse de la editorial. La causa fue archivada en mayo de 1936.

# Notas

1  La mejor transcripción de este texto la podemos encontrar en Christopher Maurer, *Federico García Lorca y su arquitectura del cante jondo*, Granada, editorial Comares, 2000, p. 157.

2  Gil Benumeya, «Estampa de García Lorca», *La Gaceta Literaria*, 15 de enero de 1931.

3  Federico García Lorca, *Epistolario completo*, Andrew A. Anderson y Christopher Maurer, eds., Madrid, Cátedra, 1997, p. 330.

4  Ian Gibson, *Poeta en Granada. Paseos con Federico García Lorca*, Barcelona, Ediciones B, 2015, p. 181.

5  Agustín Penón, *Miedo, olvido y fantasía. Crónica de la investigación de Agustín Penón sobre Federico García Lorca (1955-1956)*, Marta Osorio, ed., Granada, editorial Comares, 2009, p. 686.

6  Francisco García Lorca, «Introducción», en Federico García Lorca, *Three Tragedies*, Londres, Penguin Books, p. 21.

7  Aquella entrevista fue publicada por Gibson en «Con Dalí y Lorca en Figueres», *El País*, 26 de enero de 1986.

8  Rafael Martínez Nadal en Federico García Lorca, *Autógrafos I. Facsímiles de ochenta y siete poemas y tres prosas*,

prólogo, transcripción y notas de Rafael Martínez Nadal, Oxford, The Dolphin Book Co. Ltd., 1975, p. XXI.

9 Federico García Lorca, *Epistolario completo, op. cit.*, p. 528.

10 Véase apéndice documental.

11 *Ibid*, p. 585.

12 Antonio Otero Seco, «Una conversación inédita con Federico García Lorca. Índice de las obras inéditas que ha dejado el gran poeta», *Mundo Gráfico*, 22 de febrero de 1937.

# CRONOLOGÍA

1898  Nace el 5 de junio en Fuente Vaqueros, un pueblo de la
Vega de Granada. Es el primer hijo del matrimonio
formado por el terrateniente Federico García Rodrí-
guez y la maestra de primera enseñanza Vicenta Lorca
Romero.

1898-1908  Su infancia transcurre entre Fuente Vaqueros y el
cercano pueblo de Asquerosa (hoy Valderrubio). Apren-
de sus primeras letras en la escuela primaria.

1900  Nace su hermano Luis, que morirá dos años más tarde.

1902  Nace su hermano Francisco.

1903  Nace su hermana Concha.

1908-1909  Estudia en el instituto de Almería con su maestro
Antonio Rodríguez Espinosa, el mismo que había teni-
do en Fuente Vaqueros. Una enfermedad obliga al pe-
queño Federico a regresar a Valderrubio con los suyos
de forma prematura.

1909  La familia se traslada a Granada y se instala en el núme-
ro 66 de la calle Acera del Darro. Ese otoño García Lor-
ca ingresa en el colegio del Sagrado Corazón de Grana-
da. Nace su hermana Isabel.

1909-1914  Estudia el bachillerato, aunque lo que de veras le
interesa es la música y sueña con hacer carrera como pia-
nista. Para ello será fundamental su maestro Antonio
Segura Mesa. En su último año de bachillerato realiza un
curso preparatorio en la Universidad de Granada.

1915  Inicia dos carreras en la Universidad de Granada: la de
Derecho y la de Filosofía y Letras. Serán fundamenta-
les para él dos maestros: el catedrático de Derecho Po-
lítico Español Comparado, Fernando de los Ríos, y el
catedrático de Teoría de las Artes y la Literatura, Mar-
tín Domínguez Berrueta. En este tiempo se convierte
en un habitual de la tertulia que un grupo de jóvenes
intelectuales y artistas granadinos mantienen en el Café
Alameda. Se trata de El Rinconcillo, de la que forman
parte, entre otros, Melchor Fernández Almagro, Her-
menegildo Lanz, Manuel Ángeles Ortiz, Constanti-
no Ruiz Carnero, Francisco Soriano Lapresa, Manuel
Fernández Montesinos o Ángel Barrios. De esta etapa
datan algunos de los primeros dibujos conocidos del
poeta.

1916  En abril escribe la prosa autobiográfica «Mi pueblo»,
donde rememora su infancia en la Vega de Granada.
En mayo fallece Antonio Segura Mesa. En junio inicia
una serie de viajes de estudios, con Martín Domínguez
Berrueta, por distintas poblaciones andaluzas. En una de

ellas, Baeza, conoce al poeta Antonio Machado, a quien admira profundamente. Escribe algunas obras musicales. En otoño, vuelve a viajar con Berrueta por Castilla y Galicia.

1917 Publica la prosa «Fantasía simbólica» en el *Boletín del centro artístico de Granada*, en un número especial dedicado al centenario del nacimiento de Zorrilla. En junio vuelve a viajar a Baeza con Domínguez Berrueta y se reencuentra con Machado. El 29 de junio escribe «Canción. Ensueño y confusión», considerado como su primer poema. En otoño, viaja de nuevo con Berrueta por lugares que inspirarán algunos textos publicados en periódicos locales, como el *Diario de Burgos*, material que dará luego pie a su libro *Impresiones y paisajes*. Está enamorado de una bella muchacha granadina llamada María Luisa Egea, que lo acabará rechazando.

1918 Año de gran actividad literaria, en el que escribe numerosas prosas y poemas. Publica su primer libro, *Impresiones y paisajes*, costeado por su padre y fruto de los viajes con el profesor Berrueta. Conoce a Emilia Llanos, que será una de sus mejores amigas y confidentes. Publica su primer poema en *Renovación*, una revista de la que no se ha conservado ningún número. Representa *La historia del tesoro* en la taberna del Polinario de Granada, junto con sus amigos Miguel Pizarro, Manuel Ángeles Ortiz y Ángel Barrios.

1919 Trabaja en algunas piezas teatrales breves. Viaja a Madrid, donde visita la Residencia de Estudiantes. Lleva consigo cartas de recomendación para Alberto Jiménez Fraud, director de la institución, y para Juan Ramón Jiménez. Conoce al grupo de jóvenes residentes formado por Luis Buñuel, José Bello y José Moreno Villa, y se reencuentra con sus amigos malagueños Emilio Prados y José María Hinojosa. En junio conoce en Granada al dramaturgo Gregorio Martínez Sierra y a la actriz Catalina Bárcena. En septiembre visita Granada Manuel de Falla, que se convertirá en uno de los más importantes amigos del poeta, y que se acabará instalando en la ciudad al año siguiente.

1920 El 22 de marzo estrena *El maleficio de la mariposa*, su primera obra teatral, en el Eslava de Madrid, de la mano de Martínez Sierra y con un reparto encabezado por Catalina Bárcena y Encarnación López, la Argentinita. La representación resulta un fracaso total. Sus padres le obligan a regresar a sus estudios universitarios de Filosofía y Letras, aunque acudirá muy poco a las aulas. Comienza a trabajar en sus primeras *Suites*.

1921 En junio aparece *Libro de poemas*, la primera recopilación de sus versos, de nuevo gracias a la ayuda económica de su padre. El libro genera algunas reseñas; especialmente importante es la de Adolfo Salazar en el diario *El Sol*, uno de los más leídos en España. Trabaja en nuevas *Suites*, pero también en el futuro *Poema del cante jondo* y en la pieza teatral *Tragicomedia de don Cristóbal y la señá Rosita*.

1922 En febrero pronuncia su primera conferencia, «El cante jondo. Primitivo canto andaluz», acompañado a la guitarra por Manuel Jofré, en el Centro Artístico, Literario y Científico de Granada. En junio se celebra el Concurso de Cante Jondo, en Granada, en el que participa activamente como uno de sus responsables junto con Manuel de Falla, Ignacio Zuloaga y Miguel Cerón. Con motivo del certamen, lee en público algunas de las composiciones de *Poema del cante jondo*. En verano, da a conocer ante un grupo de amigos *Tragicomedia de don Cristóbal y la señá Rosita*.

1923 El 5 de enero, junto con Falla, ofrece una función de guiñol y música en la casa familiar de la calle Acera del Casino, con la representación de las piezas *Misterio de los Reyes Magos*, *Los dos habladores* y *La niña que riega la albahaca*. Trabaja en *Lola la comedianta*, que debía contener música de Manuel de Falla. En febrero logra concluir la carrera de Derecho. Regresa a la Residencia de Estudiantes, donde conoce a Salvador Dalí, alumno de la Escuela Especial de Pintura, Escultura y Grabado de la academia de San Fernando, desde septiembre del año anterior. Participa en la fundación de la Orden de Toledo, junto con Buñuel, Bello, Moreno Villa y Dalí. Comienza a trabajar en su obra teatral *Mariana Pineda*, así como en las composiciones que darán lugar al *Romancero gitano*.

1924 En julio Juan Ramón Jiménez y su esposa, Zenobia Camprubí, visitan Granada, donde Lorca será uno de sus guías. Trabaja en los poemas del *Romancero gitano*, además de en *Mariana Pineda* y *La zapatera prodigiosa*. Conoce a Rafael Alberti. Asiste con regularidad a la tertulia de Ramón Gómez de la Serna en el café de

Pombo. Idea con Salvador Dalí el llamado *Libro de los putrefactos*, un proyecto que nunca se llegará a materializar pese a las insistencias del pintor.

1925 En enero termina *Mariana Pineda*. Inicia su intercambio epistolar con Jorge Guillén, así como otro, aunque breve, con Luis Buñuel. En abril, invitado por Salvador Dalí, viaja por primera vez a Cataluña. Se queda con el pintor en Cadaqués y Figueres, además de visitar Girona, Empúries y el cabo de Creus. Ante la familia Dalí lee *Mariana Pineda*. También dará a conocer esta obra y algunos de sus poemas durante una lectura en el Ateneo de Barcelona. Inicia su correspondencia con Salvador y Anna Maria Dalí. Trabaja en la oda dedicada al amigo pintor y en *Amor de don Perlimplín con Belisa en su jardín*. Sufre una importante crisis sentimental y conoce al escultor Emilio Aladrén, con quien mantendrá una relación. La familia adquiere la huerta de san Vicente, donde el poeta permanecerá largas temporadas a su paso por Granada.

1926 Entre enero y febrero realiza varias excursiones por las Alpujarras acompañado por Manuel de Falla y Francisco García Lorca, además de amigos como Alfonso García Valdecasas, Antonio Luna, José Segura y Manuel Torres López. En febrero dicta la conferencia «La imagen poética de don Luis de Góngora» en el Ateneo Literario, Artístico y Científico de Granada. En abril aparece en las páginas de la *Revista de Occidente* su «Oda a Salvador Dalí». Jean Cassou le dedica una reseña a ese poema en *Le Mercure de France*, donde lo califica como «la manifestación más brillante de ánimo absolutamente nuevo en España». En el Ateneo de Valladolid, presentado por Jorge Guillén y Guillermo de Torre, recita los poemas de los libros que prepara: *Suites*, *Canciones*, *Poema del cante jondo* y *Romancero gitano*. Las presiones de sus padres le hacen barajar la posibilidad de prepararse para convertirse en profesor de literatura. Se encuentra con la actriz Margarita Xirgu, a quien entrega una copia de *Mariana Pineda* con la esperanza de que quiera estrenarla. En octubre pronuncia la conferencia «Paraíso cerrado para muchos, jardines abiertos para pocos», sobre Soto de Rojas, en el Ateneo de Granada. Aparecen en la revista *Litoral*, dirigida por sus amigos Emilio Prados y Manuel Altolaguirre, algunas composiciones del *Romancero gitano*, libro en el que sigue trabajando.

1927 Comienza a preparar, junto con un grupo de amigos granadinos, la revista *Gallo*, que verá la luz al año siguiente, y que continúa la estela de las publicaciones literarias de vanguardia que se dan en España en esos años. En febrero, Margarita Xirgu le informa que estrenará *Mariana Pineda* ese verano en Barcelona, obra que el poeta le leerá a finales de marzo. Encarga los decorados a Salvador Dalí. En mayo se publica *Canciones* de la mano de la revista *Litoral*. Entre mayo y principios de agosto pasa una larga estancia en Cadaqués, además de visitar Barcelona y Figueres. Conoce al crítico de arte Sebastià Gasch. El 24 de junio estrena en el teatro Goya de Barcelona *Mariana Pineda*. Entre junio y julio inaugura en las galerías Dalmau una exposición dedicada a sus dibujos que será elogiada por Dalí en un artículo publicado por *La Nova Revista*. El 12 de octubre, Margarita Xirgu estrena en Madrid *Mariana Pineda*. Traba amistad con Vicente Aleixandre. En noviembre publica en *Revista de Occidente* la prosa «Santa Lucía y San Lázaro», donde es evidente la influencia ejercida por Dalí. En diciembre pronuncia la conferencia «La imagen poética de don Luis de Góngora» en la Residencia de Estudiantes. Ese mismo mes viaja a Sevilla junto con un grupo de poetas para homenajear a Góngora. El acto, con la presencia de Rafael Alberti, Dámaso Alonso, Gerardo Diego, Jorge Guillén, José Bergamín, Mauricio Bacarisse y Juan Chabás, supone el nacimiento de la llamada generación del 27. Conoce a Luis Cernuda.

1928  Su relación amorosa con Emilio Aladrén se intensifica en este periodo. Aparece en marzo el primero de los dos números de la revista *Gallo*, que tendrá una réplica en clave de humor llamada *Pavo*, dirigida también por Lorca y sus amigos. Trabaja en la «Oda al Santísimo Sacramento del Altar», que dedicará a Manuel de Falla. En mayo se publica el segundo y último número de *Gallo*. Aparece en las ediciones de la *Revista de Occidente* el *Romancero gitano*, que conocerá pronto un importante éxito. En septiembre aparece en la colección La Farsa *Mariana Pineda*, ilustrada con dibujos del mismo Lorca, y en la revista *L'Amic de les Arts* los textos surrealistas «Nadadora sumergida» y «Suicidio en Alejandría». En octubre dicta en el Ateneo de Granada las conferencias «Imaginación, inspiración, evasión» y «Sketch de la nueva pintura». *Revista de Occidente* edita un largo fragmento de «Oda al Santísimo Sacramento del Altar», que no gustará a Falla. En diciembre pronuncia la conferencia «El patetismo de la canción de cuna española» en la Residencia de Estudiantes de Madrid.

1929 Aparece en *La Gaceta Literaria* la «Degollación de los inocentes», ilustrada por Dalí. En febrero, la dictadura de Primo de Rivera impide el estreno de *Amor de don Perlimplín con Belisa en su jardín*. En marzo conoce en Madrid al diplomático chileno Carlos Morla Lynch y a su esposa Bebé Vicuña, con quienes mantendrá una gran amistad hasta el punto de ser un asiduo de sus salones. Aparece la segunda edición de *Canciones*. El 27 de marzo se escapa de incógnito a Granada para participar en la procesión de la cofradía de la Alhambra vestido de penitente. Está viviendo una profunda crisis sentimental por su ruptura con Emilio Aladrén que le hará tomar la decisión de huir del país. En abril, Margarita Xirgu presenta en el teatro Cervantes de Granada *Mariana Pineda*. Unos días más tarde se le dedicará al poeta y a la actriz un banquete-homenaje en el hotel Alhambra Palace de Granada. El 13 de junio sale de España, acompañado de Fernando de los Ríos, con destino a Nueva York. Primero pasan brevemente por París, donde visita el Louvre y se reúne con Mathilde Pomès. Se trasladan a Londres, donde se encuentra con Salvador de Madariaga. El 19 de junio zarpan en Southampton, en el buque *Olympic*, hacia Nueva York, donde llegan el día 26. Lorca se hospeda en la residencia Furnald Hall de la Universidad de Columbia. Queda impresionado por Nueva York y en agosto empezará a escribir los primeros poemas sobre la ciudad. Se encuentra con amigos como Dámaso Alonso, Gabriel

García Maroto, León Felipe y José Antonio Rubio Sacristán. Pasa una breve temporada en Vermont invitado por su amigo Philip Cummings. Allí escribirá *Poema doble del lago Eden* y trabajará con Cummings en la traducción al inglés de *Canciones*. El 20 de septiembre se muda al John Jay Hall, de la Universidad de Columbia. Frecuenta los clubes de jazz, visita Harlem y se sumerge en las últimas tendencias cinematográficas del momento. Escribe el guion de la película *Viaje a la luna* con la ayuda del mexicano Emilio Amero, una respuesta a *Un chien andalou* de Buñuel y Dalí. En noviembre se hunde la bolsa de Nueva York, hecho del que será testigo.

1930 Trabaja en los poemas que más adelante formarán parte del libro póstumo *Poeta en Nueva York*. Invitado por la Institución Hispano-Cubana de Cultura, en marzo abandona Nueva York y emprende un viaje a Cuba, donde pasará tres meses pronunciando varias conferencias, así como recitando sus poemas. Durante su estancia en La Habana trabaja en la obra teatral *El público*, tal vez iniciada en Nueva York. Pronuncia entre marzo y abril las conferencias «La mecánica de la poesía», «Paraíso cerrado para muchos, jardines abiertos para pocos», «Canciones de cuna españolas», «La imagen poética de don Luis de Góngora» y «La arquitectura del cante jondo». Trabaja en dos poemas que formarán parte de *Poeta en Nueva York*: «Oda a Walt Whitman» y «Son de negros en Cuba». En junio parte de vuelta a España. En Granada concluye *El público*. En octubre está de vuelta en Madrid, donde concede una entrevista a Miguel Pérez Ferrero para el *Heraldo de Madrid*. En diciembre, Margarita Xirgu estrena con éxito *La zapatera prodigiosa* en el Teatro Español, con figurines y decorados del propio Lorca. Lee en la casa de los Morla *El público*, que recibirá una fría acogida.

1931 En enero aparecen poemas del ciclo neoyorquino en *Revista de Occidente*. En marzo, la discográfica La Voz de su Amo lanza el primero de cinco discos de la serie «Canciones populares antiguas», armonizadas e interpretadas al piano por Federico García Lorca y cantadas por La Argentinita. Es la única grabación sonora del poeta. Celebra la proclamación de la Segunda República. En mayo se publica *Poema del cante jondo* en la editorial Ulises. El 19 de agosto pone punto y final en Granada a la obra teatral *Así que pasen cinco años*. Comienza a trabajar en los poemas de *Diván del Tamarit*. El Gobierno de la República impulsa la creación de La Barraca, la compañía de teatro universitario que, dirigida por Lorca y Eduardo Ugarte, llevará los clásicos escénicos españoles por numerosos pueblos durante cuatro años.

1932 En febrero traba amistad con Eduardo Rodríguez Valdivieso, con quien mantendrá una breve relación sentimental. El 16 de marzo realiza una lectura comentada de los poemas de su ciclo neoyorquino en Madrid, recital que repetirá en los siguientes meses, invitado por el Comité de Cooperación Intelectual, en ciudades como Valladolid, Sevilla, Salamanca, La Coruña, Santiago, San Sebastián y Barcelona. Visita en Salamanca a Miguel de Unamuno. El 26 de junio colabora con ocho dibujos en una exposición colectiva organizada en el Ateneo Popular de Huelva por su amigo José Caballero. En julio sale por primera vez La Barraca, que actúa en pueblos de Soria. Entre agosto y septiembre, se produce la segunda gira de La Barraca por Galicia y Asturias. En septiembre, lee su obra de teatro *Bodas de sangre* en la casa de los Morla. En noviembre, dicta su conferencia en homenaje a la pintora María Blanchard. Escribe algunos de sus *Seis poemas galegos* con la ayuda de Carlos Martínez Barbeito.

1933  El 8 de marzo estrena *Bodas de sangre* en el teatro Beatriz de Madrid la compañía de Josefina Díaz de Artigas, con decorados de Santiago Ontañón y Manuel Fontanals. El éxito es total y se confirma como una de las principales voces dramáticas del momento. El 5 de abril el club teatral Anfistora, dirigido por Pura Ucelay, estrena en el Teatro Español *Amor de don Perlimplín con Belisa en su jardín*, así como una nueva versión de *La zapatera prodigiosa*. El 1 de mayo aparece su firma en el manifiesto antifascista de la revista *Octubre*. El 29 de julio Lola Membrives estrena en Buenos Aires *Bodas de sangre*, con tanto éxito que la actriz invita a Lorca a que viaje a Argentina ese otoño. El poeta vive una relación sentimental con Rafael Rodríguez Rapún, secretario de La Barraca, compañía que sigue sus giras por pueblos de España. Se publica en México una edición limitada de la «Oda a Walt Whitman». El 29 de septiembre embarca, acompañado del escenógrafo Manuel Fontanals, en el *Conte Grande* con destino a Buenos Aires, donde atracan el 13 de octubre. En el barco trabaja en el manuscrito de la obra teatral *Yerma* y en la conferencia «Juego y teoría del duende». La estancia en Argentina será un indiscutible éxito tanto personal como económico. Es invitado a dar varias conferencias, sus obras se representan y llenan los teatros de la capital con gran aclamación de público, hasta el punto que *Bodas de sangre* supera el centenar de representaciones. Participa en la vida cultural de la ciudad de la mano de amigos como Pablo Neruda, Oliverio Girondo, Ricardo Molinari o Victoria Ocampo, quien publicará una nueva edición del *Romancero gitano*.

1934   En enero, Lola Membrives estrena en el teatro Avenida de Buenos Aires *Mariana Pineda*. Entre enero y febrero visita Montevideo, donde dicta algunas conferencias y visita la tumba de su amigo, el pintor Rafael Pérez Barradas. En marzo trabaja en su adaptación de *La dama boba*, de Lope de Vega, con Eva Franco como protagonista. El 27 de marzo zarpa en el *Conte Biancamano* con destino a España, donde llega el 11 de abril. El 11 de agosto es corneado en Manzanares el torero Ignacio Sánchez Mejías, que morirá dos días más tarde. Continúa las representaciones de La Barraca en Santander y Palencia. Trabaja en el *Diván del Tamarit* y da los últimos retoques a *Yerma*. En noviembre ofrece la primera lectura de *Llanto por Ignacio Sánchez Mejías* en la casa de sus amigos los Morla. El 29 de diciembre, la compañía de Margarita Xirgu estrena *Yerma* en el Teatro Español de Madrid con un gran éxito de público y crítica.

1935   En enero trabaja en las obras de teatro *Doña Rosita la soltera o el lenguaje de las flores* y *La destrucción de So-*

*doma*. En febrero se estrena en el Neighborhood Playhouse de Nueva York *Bitter Oleanders*, una traducción al inglés de *Bodas de sangre*. El 3 de febrero pronuncia su «Charla sobre el teatro» en el Teatro Español, coincidiendo con una representación especial de *Yerma*. El 18 de marzo se reestrena *La zapatera prodigiosa* en versión ampliada y dirigida por el propio poeta en el Coliseum de Madrid. Durante esos días hay tres obras suyas en cartel por todo Madrid. En abril, con motivo de la Semana Santa, viaja a Sevilla invitado por Joaquín Romero Murube. Allí lee *Llanto por Ignacio Sánchez Mejías*, libro que publica ese año en las ediciones de la revista *Cruz y Raya* de José Bergamín, con ilustraciones de José Caballero. Lo visita en la huerta de san Vicente el poeta gallego Eduardo Blanco-Amor, quien toma algunas de las fotografías más conocidas del poeta. En junio, durante la Feria del Libro, aparece la quinta edición del *Romancero gitano*. Con motivo de la feria, dirige *El retablillo de don Cristóbal* en el guiñol La Tarumba. En otoño se traslada a Barcelona, donde pasará una temporada que supondrá todo un éxito: Margarita Xirgu lidera una nueva producción de *Bodas de sangre* y estrena *Doña Rosita la soltera o el lenguaje de las flores*. Se reencuentra con Salvador Dalí. Trabaja en los llamados *Sonetos del amor oscuro*. Se publica *Seis poemas galegos* en la editorial Nos de Santiago de Compostela.

1936 En enero se publican *Bodas de sangre* en las Ediciones del Árbol, y *Primeras canciones*, en las ediciones de la revista *Héroe*, dirigida por Concha Méndez y Manuel Altolaguirre. El 9 de febrero participa en un homenaje a Rafael Alberti. El 14 de febrero participa en el homenaje póstumo a Ramón del Valle-Inclán en el teatro de la Zarzuela, en Madrid. El 15 de febrero firma un manifiesto de intelectuales a favor del Frente Popular, que ganará las elecciones al día siguiente. Trabaja en las obras teatrales *Los sueños de mi prima Aurelia* y *El sueño de la vida* (también llamada *Comedia sin título*), además de concluir *La casa de Bernarda Alba*. El club teatral Anfistora comienza a ensayar *Así que pasen cinco años*, con la colaboración del poeta. Allí conocerá a Juan Ramírez de Lucas, tal vez el último amor conocido del poeta. El 10 de junio aparece una larga entrevista con Luis Bagaría en *El Sol*. Participa en un homenaje a Hernando Viñes y en otro a Luis Cernuda con motivo de la publicación de *La realidad y el deseo*. Proyecta viajar a México, donde Margarita Xirgu quiere estrenar algunas de sus obras. Antes viaja a Granada, asustado al enterarse de que ha sido asesinado el político derechista José Calvo Sotelo en Madrid. El día de su santo, el 18 de julio, escribe a Juan Ramírez de Lucas una larga carta. Ese mismo día estalla la Guerra Civil, y en Granada se instaura un régimen de terror. El 9 de agosto pide ayuda a su amigo Luis Rosales tras haber sido amenazado en la huerta de san Vicente. La madrugada del 15 al 16 de agosto es fusilado su cuñado, Manuel Fernández Montesinos, último alcalde democrático de Granada. La tarde del 16 de agosto, sobre las cinco de la tarde, un grupo de hombres armados, encabezados por el diputado de la CEDA Ramón Ruiz Alonso, lo detienen en la casa de los Rosales. Es conducido al Gobierno Civil, donde se pierde su rastro. El gobernador civil José Valdés da la orden para que sea ejecutado. El 17 de agosto es fusilado en algún lugar entre Víznar y Alfacar junto con otras tres víctimas: Dióscoro Galindo González, Francisco Galadí Melgar y Joaquín Arcollas Cabezas. Sus asesinos, la mañana siguiente, celebran el crimen en el bar Fútbol de Granada.

VÍCTOR FERNÁNDEZ

# Romancero gitano

# Romance de la luna, luna

*A Conchita García Lorca*

La luna vino a la fragua
con su polisón de nardos.
El niño la mira, mira.
El niño la está mirando.
En el aire conmovido
mueve la luna sus brazos
y enseña, lúbrica y pura,
sus senos de duro estaño.
Huye luna, luna, luna.
Si vinieran los gitanos,
harían con tu corazón
collares y anillos blancos.
Niño, déjame que baile.
Cuando vengan los gitanos,
te encontrarán sobre el yunque
con los ojillos cerrados.
Huye luna, luna, luna,
que ya siento sus caballos.
Niño, déjame, no pises
mi blancor almidonado.

El jinete se acercaba
tocando el tambor del llano.
Dentro de la fragua el niño,
tiene los ojos cerrados.
Por el olivar venían,
bronce y sueño, los gitanos.
Las cabezas levantadas
y los ojos entornados.

Cómo canta la zumaya,
¡ay cómo canta en el árbol!
Por el cielo va la luna
con un niño de la mano.

Dentro de la fragua lloran,
dando gritos, los gitanos.
El aire la vela, vela.
El aire la está velando.

2

## Preciosa y el aire

*A Dámaso Alonso*

Su luna de pergamino
Preciosa tocando viene,
por un anfibio sendero
de cristales y laureles.
El silencio sin estrellas,
huyendo del sonsonete,

cae donde el mar bate y canta
su noche llena de peces.
En los picos de la sierra
los carabineros duermen
guardando las blancas torres
donde viven los ingleses.
Y los gitanos del agua
levantan por distraerse,
glorietas de caracolas
y ramas de pino verde.

*

Su luna de pergamino
Preciosa tocando viene.
Al verla se ha levantado
el viento, que nunca duerme.
San Cristobalón desnudo,
lleno de lenguas celestes,
mira a la niña tocando
una dulce gaita ausente.

Niña, deja que levante
tu vestido para verte.
Abre en mis dedos antiguos
la rosa azul de tu vientre.

Preciosa tira el pandero
y corre sin detenerse.
El viento-hombrón la persigue
con una espada caliente.

Frunce su rumor el mar.
Los olivos palidecen.
Cantan las flautas de umbría
y el liso gong de la nieve.

¡Preciosa, corre, Preciosa,
que te coge el viento verde!
¡Preciosa, corre, Preciosa!
¡Míralo por dónde viene!
Sátiro de estrellas bajas
con sus lenguas relucientes.

＊

Preciosa, llena de miedo,
entra en la casa que tiene
más arriba de los pinos,
el cónsul de los ingleses.

Asustados por los gritos
tres carabineros vienen,
sus negras capas ceñidas
y los gorros en las sienes.

El inglés da a la gitana
un vaso de tibia leche,
y una copa de ginebra
que Preciosa no se bebe.

Y mientras cuenta, llorando,
su aventura a aquella gente,
en las tejas de pizarra
el viento, furioso, muerde.

# 3

## Reyerta

*A Rafael Méndez*

En la mitad del barranco
las navajas de Albacete,
bellas de sangre contraria,
relucen como los peces.
Una dura luz de naipe
recorta en el agrio verde,
caballos enfurecidos
y perfiles de jinetes.
En la copa de un olivo
lloran dos viejas mujeres.
El toro de la reyerta
se sube por las paredes.
Ángeles negros traían
pañuelos y agua de nieve.
Ángeles con grandes alas
de navajas de Albacete.
Juan Antonio el de Montilla
rueda muerto la pendiente,
su cuerpo lleno de lirios
y una granada en las sienes.
Ahora monta cruz de fuego
carretera de la muerte.

\*

El juez, con guardia civil,
por los olivares viene.
Sangre resbalada gime
muda canción de serpiente.
Señores guardias civiles:
aquí pasó lo de siempre.
Han muerto cuatro romanos
y cinco cartagineses.

\*

La tarde loca de higueras
y de rumores calientes,
cae desmayada en los muslos
heridos de los jinetes.
Y ángeles negros volaban
por el aire del poniente.
Ángeles de largas trenzas
y corazones de aceite.

# 4

## Romance sonámbulo

*A Gloria Giner y a Fernando de los Ríos*

Verde que te quiero verde.
Verde viento. Verdes ramas.
El barco sobre la mar
y el caballo en la montaña.
Con la sombra en la cintura,

ella sueña en su baranda
verde carne, pelo verde,
con ojos de fría plata.
Verde que te quiero verde.
Bajo la luna gitana,
las cosas la están mirando
y ella no puede mirarlas.

*

Verde que te quiero verde.
Grandes estrellas de escarcha,
vienen con el pez de sombra
que abre el camino del alba.
La higuera frota su viento
con la lija de sus ramas,
y el monte, gato garduño,
eriza sus pitas agrias.
¿Pero quién vendrá? ¿Y por dónde?…
Ella sigue en su baranda
verde carne, pelo verde,
soñando en la mar amarga.

*

Compadre, quiero cambiar,
mi caballo por su casa,
mi montura por su espejo,
mi cuchillo por su manta.
Compadre, vengo sangrando,
desde los puertos de Cabra.
Si yo pudiera, mocito,

este trato se cerraba.
Pero yo ya no soy yo,
ni mi casa es ya mi casa.
Compadre, quiero morir
decentemente en mi cama.
De acero, si puede ser,
con las sábanas de holanda.
¿No ves la herida que tengo
desde el pecho a la garganta?
Trescientas rosas morenas
lleva tu pechera blanca.
Tu sangre rezuma y huele
alrededor de tu faja.
Pero yo ya no soy yo.
Ni mi casa es ya mi casa.
Dejadme subir al menos
hasta las altas barandas,
¡dejadme subir!, dejadme
hasta las verdes barandas.
Barandales de la luna
por donde retumba el agua.

\*

Ya suben los dos compadres
hacia las altas barandas.
Dejando un rastro de sangre.
Dejando un rastro de lágrimas.
Temblaban en los tejados
farolillos de hojalata.
Mil panderos de cristal,
herían la madrugada.

Verde que te quiero verde,
verde viento, verdes ramas.
Los dos compadres subieron.
El largo viento, dejaba
en la boca un raro gusto
de hiel, de menta y de albahaca.
¡Compadre! ¿Dónde está, dime?
¿Dónde está tu niña amarga?
¡Cuántas veces te esperó!
¡Cuántas veces te esperara
cara fresca, negro pelo,
en esta verde baranda!

*

Sobre el rostro del aljibe,
se mecía la gitana.
Verde carne, pelo verde,
con ojos de fría plata.
Un carambano de luna,
la sostiene sobre el agua.
La noche se puso íntima
como una pequeña plaza.
Guardias civiles borrachos,
en la puerta golpeaban.
Verde que te quiero verde.
Verde viento. Verdes ramas.
El barco sobre la mar.
Y el caballo en la montaña.

# 5

# La monja gitana

*A José Moreno Villa*

Silencio de cal y mirto.
Malvas en las hierbas finas.
La monja borda alhelíes
sobre una tela pajiza.
Vuelan en la araña gris,
siete pájaros del prisma.
La iglesia gruñe a lo lejos
como un oso panza arriba.
¡Qué bien borda! ¡Con qué gracia!
Sobre la tela pajiza,
ella quisiera bordar
flores de su fantasía.
¡Qué girasol! ¡Qué magnolia
de lentejuelas y cintas!
¡Qué azafranes y qué lunas,
en el mantel de la misa!
Cinco toronjas se endulzan
en la cercana cocina.
Las cinco llagas de Cristo
cortadas en Almería.
Por los ojos de la monja
galopan dos caballistas.
Un rumor último y sordo
le despega la camisa,

y al mirar nubes y montes
en las yertas lejanías,
se quiebra su corazón
de azúcar y yerbaluisa.
¡Oh!, qué llanura empinada
con veinte soles arriba.
¡Qué ríos puestos de pie
vislumbra su fantasía!
Pero sigue con sus flores,
mientras que de pie, en la brisa,
la luz juega el ajedrez
alto de la celosía.

## 6

## La casada infiel

*A Lydia Cabrera y a su negrita*

Y que yo me la llevé al río
creyendo que era mozuela,
pero tenía marido.

Fue la noche de Santiago
y casi por compromiso.
Se apagaron los faroles
y se encendieron los grillos.
En las últimas esquinas
toqué sus pechos dormidos,
y se me abrieron de pronto
como ramos de jacintos.

El almidón de su enagua
me sonaba en el oído,
como una pieza de seda
rasgada por diez cuchillos.
Sin luz de plata en sus copas
los árboles han crecido
y un horizonte de perros
ladra muy lejos del río.

\*

Pasadas las zarzamoras,
los juncos y los espinos,
bajo su mata de pelo
hice un hoyo sobre el limo.
Yo me quité la corbata.
Ella se quitó el vestido.
Yo el cinturón con revólver.
Ella sus cuatro corpiños.
Ni nardos ni caracolas
tienen el cutis tan fino,
ni los cristales con luna
relumbran con ese brillo.
Sus muslos se me escapaban
como peces sorprendidos,
la mitad llenos de lumbre,
la mitad llenos de frío.
Aquella noche corrí
el mejor de los caminos,
montado en potra de nácar
sin bridas y sin estribos.
No quiero decir, por hombre,

las cosas que ella me dijo.
La luz del entendimiento
me hace ser muy comedido.
Sucia de besos y arena
yo me la llevé del río.
Con el aire se batían
las espadas de los lirios.

Me porté como quien soy.
Como un gitano legítimo.
Le regalé un costurero
grande, de raso pajizo,
y no quise enamorarme
porque teniendo marido
me dijo que era mozuela
cuando la llevaba al río.

## 7

## Romance de la pena negra

*A José Navarro Pardo*

Las piquetas de los gallos
cavan buscando la aurora,
cuando por el monte oscuro
baja Soledad Montoya.
Cobre amarillo, su carne,
huele a caballo y a sombra.
Yunques ahumados sus pechos,
gimen canciones redondas.
Soledad: ¿por quién preguntas

sin compaña y a estas horas?
Pregunte por quien pregunte,
dime: ¿a ti qué se te importa?
Vengo a buscar lo que busco,
mi alegría y mi persona.
Soledad de mis pesares,
caballo que se desboca,
al fin encuentra la mar
y se lo tragan las olas.
No me recuerdes el mar
que la pena negra, brota
en las tierras de aceituna
bajo el rumor de las hojas.
¡Soledad, qué pena tienes!
¡Qué pena tan lastimosa!
Lloras zumo de limón
agrio de espera y de boca.
¡Qué pena tan grande! Corro
mi casa como una loca,
mis dos trenzas por el suelo
de la cocina a la alcoba.
¡Qué pena! Me estoy poniendo
de azabache, carne y ropa.
¡Ay mis camisas de hilo!
¡Ay mis muslos de amapola!
Soledad: lava tu cuerpo
con agua de las alondras,
y deja tu corazón
en paz, Soledad Montoya.

\*

Por abajo canta el río:
volante de cielo y hojas.
Con flores de calabaza,
la nueva luz se corona.
¡Oh pena de los gitanos!
Pena limpia y siempre sola.
¡Oh pena de cauce oculto
y madrugada remota!

## 8

## San Miguel
*Granada*

*A Diego Buigas de Dalmau*

### SAN MIGUEL

Se ven desde las barandas,
por el monte, monte, monte,
mulos y sombras de mulos
cargados de girasoles.

Sus ojos en las umbrías
se empañan de inmensa noche.
En los recodos del aire,
cruje la aurora salobre.

Un cielo de mulos blancos
cierra sus ojos de azogue
dando a la quieta penumbra

un final de corazones.
Y el agua se pone fría
para que nadie la toque.

Agua loca y descubierta
por el monte, monte, monte.

*

San Miguel lleno de encajes
en la alcoba de su torre,
enseña sus bellos muslos
ceñidos por los faroles.

Arcángel domesticado
en el gesto de las doce,
finge una cólera dulce
de plumas y ruiseñores.
San Miguel canta en los vidrios;
Efebo de tres mil noches,
fragante de agua colonia
y lejano de las flores.

*

El mar baila por la playa,
un poema de balcones.
Las orillas de la luna
pierden juncos, ganan voces.
Vienen manolas comiendo
semillas de girasoles,
los culos grandes y ocultos

como planetas de cobre.
Vienen altos caballeros
y damas de triste porte,
morenas por la nostalgia
de un ayer de ruiseñores.
Y el obispo de Manila
ciego de azafrán y pobre,
dice misa con dos filos
para mujeres y hombres.

*

San Miguel se estaba quieto
en la alcoba de su torre,
con las enaguas cuajadas
de espejitos y entredoses.

San Miguel, rey de los globos
y de los números nones,
en el primor berberisco
de gritos y miradores.

# 9

## San Rafael
### *Córdoba*

*A Juan Izquierdo Croselles*

### SAN RAFAEL

Coches cerrados llegaban
a las orillas de juncos
donde las ondas alisan
romano torso desnudo.
Coches, que el Guadalquivir
tiende en su cristal maduro,
entre láminas de flores
y resonancias de nublos.
Los niños tejen y cantan
el desengaño del mundo
cerca de los viejos coches
perdidos en el nocturno.
Pero Córdoba no tiembla
bajo el misterio confuso,
pues si la sombra levanta
la arquitectura del humo,
un pie de mármol afirma
su casto fulgor enjuto.
Pétalos de lata débil
recaman los grises puros
de la brisa, desplegada

sobre los arcos de triunfo.
Y mientras el puente sopla
diez rumores de Neptuno,
vendedores de tabaco
huyen por el roto muro.


II


Un solo pez en el agua
que a las dos Córdobas junta.
Blanda Córdoba de juncos.
Córdoba de arquitectura.
Niños de cara impasible
en la orilla se desnudan,
aprendices de Tobías
y Merlines de cintura,
para fastidiar al pez
en irónica pregunta
si quiere flores de vino
o saltos de media luna.
Pero el pez que dora el agua
y los mármoles enluta,
les da lección y equilibrio
de solitaria columna.
El Arcángel aljamiado
de lentejuelas oscuras,
en el mitin de las ondas
buscaba rumor y cuna.


*

Un solo pez en el agua.
Dos Córdobas de hermosura.
Córdoba quebrada en chorros.
Celeste Córdoba enjuta.

10

# San Gabriel
### *Sevilla*

*A D. Agustín Viñuales*

## SAN GABRIEL

Un bello niño de junco,
anchos hombros, fino talle,
piel de nocturna manzana,
boca triste y ojos grandes,
nervio de plata caliente,
ronda la desierta calle.
Sus zapatos de charol
rompen las dalias del aire,
con los dos ritmos que cantan
breves lutos celestiales.
En la ribera del mar
no hay palma que se le iguale,
ni emperador coronado
ni lucero caminante.
Cuando la cabeza inclina
sobre su pecho de jaspe,
la noche busca llanuras

porque quiere arrodillarse.
Las guitarras suenan solas
para San Gabriel Arcángel,
domador de palomillas
y enemigo de los sauces.
San Gabriel: El niño llora
en el vientre de su madre.
No olvides que los gitanos
te regalaron el traje.

II

Anunciación de los Reyes
bien lunada y mal vestida,
abre la puerta al lucero
que por la calle venía.
El Arcángel San Gabriel
entre azucena y sonrisa,
biznieto de la Giralda,
se acercaba de visita.
En su chaleco bordado
grillos ocultos palpitan.
Las estrellas de la noche,
se volvieron campanillas.
San Gabriel: Aquí me tienes
con tres clavos de alegría.
Tu fulgor abre jazmines
sobre mi cara encendida.
Dios te salve, Anunciación.
Morena de maravilla.
Tendrás un niño más bello

que los tallos de la brisa.
¡Ay San Gabriel de mis ojos!
¡Gabrielillo de mi vida!
para sentarte yo sueño
un sillón de clavellinas.
Dios te salve, Anunciación,
bien lunada y mal vestida.
Tu niño tendrá en el pecho
un lunar y tres heridas.
¡Ay San Gabriel que reluces!
¡Gabrielillo de mi vida!
En el fondo de mis pechos
ya nace la leche tibia.
Dios te salve, Anunciación.
Madre de cien dinastías.
Áridos lucen tus ojos,
paisajes de caballista.

\*

El niño canta en el seno
de Anunciación sorprendida.
Tres balas de almendra verde
tiemblan en su vocecita.
Ya San Gabriel en el aire
por una escala subía.
Las estrellas de la noche
se volvieron siemprevivas.

# Prendimiento de Antoñito el Camborio en el camino de Sevilla

*A Margarita Xirgu*

Antonio Torres Heredia,
hijo y nieto de Camborios,
con una vara de mimbre
va a Sevilla a ver los toros.
Moreno de verde luna
anda despacio y garboso.
Sus empavonados bucles
le brillan entre los ojos.
A la mitad del camino
cortó limones redondos,
y los fue tirando al agua
hasta que la puso de oro.
Y a la mitad del camino,
bajo las ramas de un olmo,
Guardia Civil caminera
lo llevó codo con codo.

*

El día se va despacio,
la tarde colgada a un hombro,
dando una larga torera
sobre el mar y los arroyos.

Las aceitunas aguardan
la noche de Capricornio,
y una corta brisa, ecuestre,
salta los montes de plomo.
Antonio Torres Heredia,
hijo y nieto de Camborios,
viene sin vara de mimbre
entre los cinco tricornios.
Antonio, ¿quién eres tú?
Si te llamaras Camborio,
hubieras hecho una fuente
de sangre, con cinco chorros.
Ni tú eres hijo de nadie,
ni legítimo Camborio.
¡Se acabaron los gitanos
que iban por el monte solos!
Están los viejos cuchillos,
tiritando bajo el polvo.

*

A las nueve de la noche
lo llevan al calabozo,
mientras los guardias civiles
beben limonada todos.
Y a las nueve de la noche
le cierran el calabozo,
mientras el cielo reluce
como la grupa de un potro.

# 12

# Muerte de Antoñito el Camborio

*A José Antonio Rubio Sacristán*

Voces de muerte sonaron
cerca del Guadalquivir.
Voces antiguas que cercan
voz de clavel varonil.
Les clavó sobre las botas
mordiscos de jabalí.
En la lucha daba saltos
jabonados de delfín.
Bañó con sangre enemiga
su corbata carmesí,
pero eran cuatro puñales
y tuvo que sucumbir.
Cuando las estrellas clavan
rejones al agua gris,
cuando los erales sueñan
verónicas de alhelí,
voces de muerte sonaron
cerca del Guadalquivir.

*

Antonio Torrres Heredia,
Camborio de dura crin,
moreno de verde luna,

voz de clavel varonil:
¿Quién te ha quitado la vida
cerca del Guadalquivir?
Mis cuatro primos Heredias,
hijos de Benamejí.
Lo que en otros no envidiaban,
ya lo envidiaban en mí.
Zapatos color corinto,
medallones de marfil,
y este cutis amasado
con aceituna y jazmín.
¡Ay Antoñito el Camborio
digno de una Emperatriz!
Acuérdate de la Virgen
porque te vas a morir.
¡Ay Federico García!
llama a la Guardia Civil.
Ya mi talle se ha quebrado
como caña de maíz.
Tres golpes de sangre tuvo,
y se murió de perfil.
Viva moneda que nunca
se volverá a repetir.
Un ángel marchoso pone
su cabeza en un cojín.
Otros de rubor cansado,
encendieron un candil.
Y cuando los cuatro primos
llegan a Benamejí,
voces de muerte cesaron
cerca del Guadalquivir.

# Muerto de amor

*A Margarita Manso*

¿Qué es aquello que reluce
por los altos corredores?
Cierra la puerta, hijo mío,
acaban de dar las once.
En mis ojos, sin querer,
relumbran cuatro faroles.
Será que la gente aquella,
estará fregando el cobre.

\*

Ajo de agónica plata
la luna menguante, pone
cabelleras amarillas
a las amarillas torres.
La noche llama temblando
al cristal de los balcones
perseguida por los mil
perros que no la conocen,
y un olor de vino y ámbar
viene de los corredores.

\*

Brisas de caña mojada
y rumor de viejas voces,
resonaban por el arco
roto de la media noche.
Bueyes y rosas dormían.
Sólo por los corredores
las cuatro luces clamaban
con el furor de San Jorge.
Tristes mujeres del valle
bajaban su sangre de hombre,
tranquila de flor cortada
y amarga de muslo joven.
Viejas mujeres del río
lloraban al pie del monte,
un minuto intransitable
de cabelleras y nombres.
Fachadas de cal, ponían
cuadrada y blanca la noche.
Serafines y gitanos
tocaban acordeones.
Madre, cuando yo me muera
que se enteren los señores.
Pon telegramas azules
que vayan del Sur al Norte.

Siete gritos, siete sangres,
siete adormideras dobles,
quebraron opacas lunas
en los oscuros salones.
Lleno de manos cortadas
y coronitas de flores,
el mar de los juramentos

resonaba, no sé dónde.
Y el cielo daba portazos
al brusco rumor del bosque,
mientras clamaban las luces
en los altos corredores.

## 14

## El emplazado

*Para Emilio Aladrén*

ROMANCE DEL EMPLAZADO

¡Mi soledad sin descanso!
Ojos chicos de mi cuerpo
y grandes de mi caballo,
no se cierran por la noche
ni miran al otro lado
donde se aleja tranquilo
un sueño de trece barcos.
Sino que limpios y duros
escuderos desvelados,
mis ojos miran un norte
de metales y peñascos
donde mi cuerpo sin venas
consulta naipes helados.

*

Los densos bueyes del agua
embisten a los muchachos
que se bañan en las lunas
de sus cuernos ondulados.
Y los martillos cantaban
sobre los yunques sonámbulos,
el insomnio del jinete
y el insomnio del caballo.

*

El veinticinco de junio
le dijeron a el Amargo:
Ya puedes cortar, si gustas,
las adelfas de tu patio.
Pinta una cruz en la puerta
y pon tu nombre debajo,
porque cicutas y ortigas
nacerán en tu costado,
y agujas de cal mojada
te morderán los zapatos.
Será de noche, en lo oscuro,
por los montes imantados
donde los bueyes del agua
beben los juncos soñando.
Pide luces y campanas.
Aprende a cruzar las manos,
y gusta los aires fríos
de metales y peñascos.
Porque dentro de dos meses
yacerás amortajado.

*

Espadón de nebulosa
mueve en el aire Santiago.
Grave silencio, de espalda,
manaba el cielo combado.

*

El veinticinco de junio
abrió sus ojos Amargo,
y el veinticinco de agosto
se tendió para cerrarlos.
Hombres bajaban la calle
para ver al emplazado,
que fijaba sobre el muro
su soledad con descanso.
Y la sábana impecable,
de duro acento romano,
daba equilibrio a la muerte
con las rectas de sus paños.

# 15

# Romance de la Guardia Civil española

*A Juan Guerrero.*
*Cónsul general de la poesía*

Los caballos negros son.
Las herraduras son negras.
Sobre las capas relucen
manchas de tinta y de cera.
Tienen, por eso no lloran,
de plomo las calaveras.
Con el alma de charol
vienen por la carretera.
Jorobados y nocturnos,
por donde animan ordenan
silencios de goma oscura
y miedos de fina arena.
Pasan, si quieren pasar,
y ocultan en la cabeza
una vaga astronomía
de pistolas inconcretas.

*

¡Oh ciudad de los gitanos!
En las esquinas banderas.
La luna y la calabaza
con las guindas en conserva.

¡Oh ciudad de los gitanos!
¿Quién te vio y no te recuerda?
Ciudad de dolor y almizcle
con las torres de canela.

*

Cuando llegaba la noche
noche que noche nochera,
los gitanos en sus fraguas
forjaban soles y flechas.
Un caballo malherido,
llamaba a todas las puertas.
Gallos de vidrio cantaban
por Jerez de la Frontera.
El viento, vuelve desnudo
la esquina de la sorpresa,
en la noche platinoche
noche, que noche nochera.

*

La Virgen y San José
perdieron sus castañuelas,
y buscan a los gitanos
para ver si las encuentran.
La Virgen viene vestida
con un traje de alcaldesa
de papel de chocolate
con los collares de almendras.
San José mueve los brazos
bajo una capa de seda.

Detrás va Pedro Domecq
con tres sultanes de Persia.
La media luna, soñaba
un éxtasis de cigüeña.
Estandartes y faroles
invaden las azoteas.
Por los espejos sollozan
bailarinas sin caderas.
Agua y sombra, sombra y agua
por Jerez de la Frontera.

*

¡Oh ciudad de los gitanos!
En las esquinas banderas.
Apaga tus verdes luces
que viene la benemérita.
¡Oh ciudad de los gitanos!
¿Quién te vio y no te recuerda?
Dejadla lejos del mar
sin peines para sus crenchas.

*

Avanzan de dos en fondo
a la ciudad de la fiesta.
Un rumor de siemprevivas,
invade las cartucheras.
Avanzan de dos en fondo.
Doble nocturno de tela.
El cielo, se les antoja,
una vitrina de espuelas.

*

La ciudad libre de miedo,
multiplicaba sus puertas.
Cuarenta guardias civiles
entran a saco por ellas.
Los relojes se pararon,
y el coñac de las botellas
se disfrazó de noviembre
para no infundir sospechas.
Un vuelo de gritos largos
se levantó en las veletas.
Los sables cortan las brisas
que los cascos atropellan.
Por las calles de penumbra,
huyen las gitanas viejas
con los caballos dormidos
y las orzas de monedas.
Por las calles empinadas
suben las capas siniestras,
dejando detrás fugaces
remolinos de tijeras.

En el Portal de Belén,
los gitanos se congregan.
San José, lleno de heridas,
amortaja a una doncella.
Tercos fusiles agudos
por toda la noche suenan.
La Virgen cura a los niños
con salivilla de estrella.

Pero la Guardia Civil
avanza sembrando hogueras,
donde joven y desnuda
la imaginación se quema.
Rosa la de los Camborios,
gime sentada en su puerta
con sus dos pechos cortados
puestos en una bandeja.
Y otras muchachas corrían
perseguidas por sus trenzas,
en un aire donde estallan
rosas de pólvora negra.
Cuando todos los tejados
eran surcos en la tierra,
el alba meció sus hombros
en largo perfil de piedra.

*

¡Oh ciudad de los gitanos!
La Guardia Civil se aleja
por un túnel de silencio
mientras las llamas te cercan.

¡Oh ciudad de los gitanos!
¿Quién te vio y no te recuerda?
Que te busquen en mi frente.
Juego de luna y arena.

# Tres romances históricos

# 16

## Martirio de Santa Olalla

*A Rafael Martínez Nadal*

I

### PANORAMA DE MÉRIDA

Por la calle brinca y corre
caballo de larga cola,
mientras juegan o dormitan
viejos soldados de Roma.
Medio monte de Minervas
abre sus brazos sin hojas.
Agua en vilo redoraba
las aristas de las rocas.
Noche de torsos yacentes
y estrellas de nariz rota,
aguarda grietas del alba
para derrumbarse toda.
De cuando en cuando sonaban
blasfemias de cresta roja.
Al gemir la santa niña,
quiebra el cristal de las copas.
La rueda afila cuchillos
y garfios de aguda comba:

brama el toro de los yunques,
y Mérida se corona
de nardos casi despiertos
y tallos de zarzamora.

EL MARTIRIO

Flora desnuda se sube
por escalerillas de agua.
El Cónsul pide bandeja
para los senos de Olalla.
Un chorro de venas verdes
le brota de la garganta.
Su sexo tiembla enredado
como un pájaro en las zarzas.
Por el suelo, ya sin norma,
brincan sus manos cortadas
que aún pueden cruzarse en tenue
oración decapitada.
Por los rojos agujeros
donde sus pechos estaban
se ven cielos diminutos
y arroyos de leche blanca.
Mil arbolillos de sangre
le cubren toda la espalda
y oponen húmedos troncos
al bisturí de las llamas.
Centuriones amarillos
de carne gris, desvelada,

llegan al cielo sonando
sus armaduras de plata.
Y mientras vibra confusa
pasión de crines y espadas,
el Cónsul porta en bandeja
senos ahumados de Olalla.

### III

#### INFIERNO Y GLORIA

Nieve ondulada reposa.
Olalla pende del árbol.
Su desnudo de carbón
tizna los aires helados.
Noche tirante reluce.
Olalla muerta en el árbol.
Tinteros de las ciudades
vuelcan la tinta despacio.
Negros maniquís de sastre
cubren la nieve del campo
en largas filas que gimen
su silencio mutilado.
Nieve partida comienza.
Olalla blanca en el árbol.
Escuadras de níquel juntan
los picos en su costado.

\*

Una Custodia reluce
sobre los cielos quemados,
entre gargantas de arroyo
y ruiseñores en ramos.
¡Saltan vidrios de colores!
Olalla blanca en lo blanco.
Ángeles y serafines
dicen: Santo, Santo, Santo.


## 17

# Burla de Don Pedro a caballo
*Romance con lagunas*

*A Jean Cassou*

Por una vereda
venía Don Pedro.
¡Ay cómo lloraba
el caballero!
Montado en un ágil
caballo sin freno,
venía en la busca
del pan y del beso.
Todas las ventanas
preguntan al viento,
por el llanto oscuro
del caballero.

## PRIMERA LAGUNA

Bajo el agua
siguen las palabras.
Sobre el agua
una luna redonda
se baña,
dando envidia a la otra
¡tan alta!
En la orilla,
un niño,
ve las lunas y dice:
¡Noche; toca los platillos!


## SIGUE

A una ciudad lejana
ha llegado Don Pedro.
Una ciudad lejana
entre un bosque de cedros.
¿Es Belén? Por el aire
yerbaluisa y romero.
Brillan las azoteas
y las nubes. Don Pedro
pasa por arcos rotos.
Dos mujeres y un viejo
con velones de plata
le salen al encuentro.
Los chopos dicen: No.
Y el ruiseñor: Veremos.

## SEGUNDA LAGUNA

Bajo el agua
siguen las palabras.
Sobre el peinado del agua
un círculo de pájaros y llamas.
Y por los cañaverales,
testigos que conocen lo que falta.
Sueño concreto y sin norte
de madera de guitarra.


## SIGUE

Por el camino llano
dos mujeres y un viejo
con velones de plata
van al cementerio.
Entre los azafranes
han encontrado muerto
el sombrío caballo
de Don Pedro.
Voz secreta de tarde
balaba por el cielo.
Unicornio de ausencia
rompe en cristal su cuerno.
La gran ciudad lejana
está ardiendo
y un hombre va llorando
tierras adentro.
Al Norte hay una estrella.
Al Sur un marinero.

Bajo el agua
están las palabras.
Limo de voces perdidas.
Sobre la flor enfriada,
está Don Pedro olvidado
¡ay! jugando con las ranas.


18


## Thamar y Amnón

*Para Alfonso García Valdecasas*


La luna gira en el cielo
sobre las tierras sin agua
mientras el verano siembra
rumores de tigre y llama.
Por encima de los techos
nervios de metal sonaban.
Aire rizado venía
con los balidos de lana.
La tierra se ofrece llena
de heridas cicatrizadas,
o estremecida de agudos
cauterios de luces blancas.

*

Thamar estaba soñando
pájaros en su garganta,
al son de panderos fríos
y cítaras enlunadas.
Su desnudo en el alero,
agudo norte de palma,
pide copos a su vientre
y granizo a sus espaldas.
Thamar estaba cantando
desnuda por la terraza.
Alrededor de sus pies,
cinco palomas heladas.
Amnón, delgado y concreto,
en la torre la miraba,
llenas las ingles de espuma
y oscilaciones la barba.
Su desnudo iluminado
se tendía en la terraza,
con un rumor entre dientes
de flecha recién clavada.
Amnón estaba mirando
la luna redonda y baja,
y vio en la luna los pechos
durísimos de su hermana.

*

Amnón a las tres y media
se tendió sobre la cama.
Toda la alcoba sufría
con sus ojos llenos de alas.
La luz maciza, sepulta

pueblos en la arena parda,
o descubre transitorio
coral de rosas y dalias.
Linfa de pozo oprimida,
brota silencio en las jarras.
En el musgo de los troncos
la cobra tendida canta.
Amnón gime por la tela
fresquísima de la cama.
Yedra del escalofrío
cubre su carne quemada.
Thamar entró silenciosa
en la alcoba silenciada,
color de vena y Danubio,
turbia de huellas lejanas.
Thamar, bórrame los ojos
con tu fija madrugada.
Mis hilos de sangre tejen
volantes sobre tu falda.
Déjame tranquila, hermano.
Son tus besos en mi espalda,
avispas y vientecillos
en doble enjambre de flautas.
Thamar, en tus pechos altos
hay dos peces que me llaman
y en las yemas de tus dedos
rumor de rosa encerrada.

\*

Los cien caballos del rey
en el patio relinchaban.

Sol en cubos resistía
la delgadez de la parra.
Ya la coge del cabello,
ya la camisa le rasga.
Corales tibios dibujan
arroyos en rubio mapa.

\*

¡Oh, qué gritos se sentían
por encima de las casas!
Qué espesura de puñales
y túnicas desgarradas.
Por las escaleras tristes
esclavos suben y bajan.
Émbolos y muslos juegan
bajo las nubes paradas.
Alrededor de Thamar
gritan vírgenes gitanas
y otras recogen las gotas
de su flor martirizada.
Paños blancos, enrojecen
en las alcobas cerradas.
Rumores de tibia aurora
pámpanos y peces cambian.

\*

Violador enfurecido,
Amnón huye con su jaca.
Negros le dirigen flechas
en los muros y atalayas.

Y cuando los cuatro cascos
eran cuatro resonancias,
David con unas tijeras
cortó las cuerdas del arpa.

# Apéndices

# Conferencia-recital del
## *Romancero gitano*

No es un poeta que se ha hecho notar más o menos, o un dramaturgo incipiente, ansioso de un gran teatro, el que está ante vosotros, sino un verdadero amigo, un camarada que recuerda todavía cercanos los años que vivía a golpes con la enorme cara bigotuda del Derecho Mercantil y llevando una vida de broma y jaleo para ocultar una verdadera y bienhechora melancolía.

Yo sé muy bien que eso que se llama conferencia sirve en las salas y teatros para llevar a los ojos de las personas esas puntas de alfiler donde se clavan las irresistibles anémonas de Morfeo y esos bostezos para los cuales se necesitaría tener boca de caimán.

Yo he observado que generalmente el conferenciante pone cátedra sin pretender acercarse a su auditorio, habla lo que sabe sin gastar nervio y con una ausencia absoluta de voluntad de amor, que origina ese odio profundo que se le toma momentáneamente y hace que deseemos con ansia que resbale al salir de la tribuna o que estornude de modo tan furioso que se le caigan las gafas sobre el vaso.

Por eso, no vengo a dar una conferencia sobre temas que he estudiado y preparado, sino que vengo a comunicarme con vosotros con lo que nadie me ha enseñado, con lo que es sustancia y magia pura, con la poesía.

He elegido para leer con pequeños comentarios el *Romancero gitano*, no sólo por ser mi obra más popular, sino porque indudablemente es la que hasta ahora tiene más unidad, y es donde mi rostro poético aparece por vez primera con personalidad propia, virgen de contacto con otro poeta y definitivamente dibujado.

No voy a hacer crítica del libro, ni voy a decir, ni estudiar, lo que significa como forma de romance, ni a mostrar la mecánica de sus imágenes, ni el gráfico de su desarrollo rítmico y fonético, sino que voy a mostrar sus fuentes y los primeros atisbos de su concepción total.

El libro en conjunto, aunque se llama gitano, es el poema de Andalucía, y lo llamo gitano porque el gitano es lo más elevado, lo más profundo, más aristocrático de mi país, lo más representativo de su modo y el que guarda el ascua, la sangre y el alfabeto de la verdad andaluza y universal.

Así pues, el libro es un retablo de Andalucía, con gitanos, caballos, arcángeles, planetas, con su brisa judía, con su brisa romana, con ríos, con crímenes, con la nota vulgar del contrabandista y la nota celeste de los niños desnudos de Córdoba que burlan a san Rafael. Un libro donde apenas si está expresada la Andalucía que se ve, pero donde está temblando la que no se ve. Y ahora lo voy a decir. Un libro anti pintoresco, antifolclórico, antiflamenco, donde no hay ni una chaquetilla corta, ni un traje de torero, ni un sombrero plano, ni una pandereta; donde las figuras sirven a fondos milenarios y donde no hay más que un solo personaje, grande y oscuro como un cielo de estío, un solo personaje que es la Pena, que se filtra en el tuétano de los huesos y en la savia de los árboles, y que no tiene nada que ver con la melancolía, ni con la nostalgia, ni con ninguna otra aflicción o dolencia del ánimo; que es un sentimiento más celeste que terrestre; pena andaluza que es una lucha de la inteligencia amorosa con el misterio que la rodea y no puede comprender.

Pero un hecho poético, como un hecho criminal o un hecho jurídico, son tales hechos cuando viven en el mundo y son llevados y traídos; en suma, interpretados. Por eso no me quejo de la falsa visión andaluza que se tiene de este poema a causa de recitadores, sensuales, de bajo tono, o criaturas ignorantes. Creo que la pureza de su construcción y el noble tono con que me esforcé al crearlo lo defenderán de sus actuales amantes excesivos, que a veces lo llenan de baba.

Desde el año 1919, época de mis primeros pasos poéticos, estaba yo preocupado con la forma del romance, porque me daba cuenta que era el vaso donde mejor se amoldaba mi sensibilidad. El romance había permanecido estacionario desde los últimos exquisitos romancillos de Góngora, hasta que el duque de Rivas lo hizo dulce, fluido, doméstico, o Zorrilla lo llenó de nenúfares, sombras y campanas sumergidas.

El romance típico había sido siempre una narración, y era lo narrativo lo que daba encanto a su fisonomía, porque cuando se hacía lírico, sin eco de anécdota, se convertía en canción. Yo quise fundir el romance narrativo con el lírico sin que perdieran ninguna calidad, y este esfuerzo se ve conseguido en algunos poemas del *Romancero*, como el llamado «Romance sonámbulo», donde hay una *gran sensación* de anécdota, un agudo ambiente dramático, y nadie sabe lo que pasa, ni aun yo, porque el misterio poético es también misterio para el poeta que lo comunica, pero que muchas veces lo ignora.

En realidad, la forma de mi romance la encontré —mejor, me la comunicaron— en los albores de mis primeros poemas,

donde ya se notan los mismos elementos y un mecanismo si
milar al del *Romancero gitano*.

Ya el año veinte escribía yo este *crepúsculo*:

El diamante de una estrella
ha rayado el hondo cielo.
Pájaro de luz que quiere
escapar del firmamento
y huye del enorme nido
donde estaba prisionero
sin saber que lleva atada
una cadena en el cuello.

Cazadores extrahumanos
están cazando luceros,
cisnes de plata maciza
en el agua del silencio.

Los chopos niños recitan
la cartilla. Es el maestro
un chopo antiguo que mueve
tranquilos sus brazos viejos.

¡Rana, empieza tu cantar!
¡Grillo, sal de tu agujero!
Haced un bosque sonoro
con vuestras flautas. Yo vuelvo
hacia mi casa intranquilo.
Se agitan en mi recuerdo
dos palomas campesinas
y en el horizonte, lejos
se hunde el arcaduz del día.
¡Terrible noria del tiempo!

Esto, como forma, ya tiene el claroscuro del *Romancero* y el gusto de mezclar imágenes astronómicas con insectos y hechos vulgares, que son notas primarias de mi carácter poético.

Tengo cierto rubor de hablar de mí en público, pero lo hago porque os considero amigos, o ecuánimes oyentes, y porque sé que un poeta, cuando es poeta, es sencillo, y, cuando es sencillo, no puede caer jamás en el infierno cómico de la pedantería.

De un poema se puede estar hablando mucho tiempo, analizando y observando sus aspectos múltiples. Yo os voy a presentar un plano de este mío y voy a comenzar la lectura de sus composiciones.

\*

Desde los primeros versos se nota que el mito está mezclado con el elemento que pudiéramos llamar realista, aunque no lo es, puesto que al contacto con el plano mágico se torna aún más misterioso e indescifrable, como el alma misma de Anda lucía, lucha y drama del veneno de Oriente del andaluz con la geometría y el equilibrio que impone lo romano, lo bético.

El libro empieza con dos mitos inventados: la luna como bailarina mortal y el viento como sátiro. Mito de la luna sobre tierras de danza dramática, Andalucía interior concentrada y religiosa, y mito de playa tartesa, donde el aire es suave como pelusa de melocotón y donde todo, drama o danza, está sostenido por una aguja inteligente de burla o de ironía:

«Romance de la luna, luna»
«Preciosa y el aire».

En el romance «Reyerta de mozos» está expresada esa lucha sorda, latente en Andalucía y en toda España, de grupos que se atacan sin saber por qué, por causas misteriosas, por una mirada, por una rosa, porque un hombre de pronto siente un insecto sobre la mejilla, por un amor de hace dos siglos:

«Reyerta».

Después, aparece el «Romance sonámbulo», del que ya he hablado, uno de los más misteriosos del libro, interpretado por mucha gente como un romance que expresa el ansia de Granada por el mar, la angustia de una ciudad que no oye las olas y las busca en sus juegos de agua subterránea y en las nieblas onduladas con que cubre sus montes. Está bien. Es así, pero también es otra cosa. Es un hecho poético puro del fondo andaluz, y siempre tendrá luces cambiantes, aun para el hombre que lo ha comunicado, que soy yo. Si me preguntan ustedes por qué digo yo «Mil panderos de cristal herían la madrugada», les diré que los he visto en manos de ángeles y de árboles, pero no sabré decir más, ni mucho menos explicar su significado. Y está bien que sea así. El hombre se acerca por medio de la poesía con más rapidez al filo donde el filósofo y el matemático vuelven la espalda en silencio:

«Romance sonámbulo».

Después aparece en el libro el romance de «La casada infiel», gracioso de forma y de imagen, pero éste sí que es pura anécdota andaluza. Es popular hasta la desesperación y, como lo considero lo más primario, lo más halagador de sensualidades y lo menos andaluz, no lo leo.

٭

En contraposición de la noche marchosa y ardiente de la casada infiel, noche de vega alta y junco en penumbra, aparece esta noche de Soledad Montoya, concreción de la Pena sin remedio, de la pena negra, de la cual no se puede salir más que abriendo con un cuchillo un ojal bien hondo en el costado siniestro.

La pena de Soledad Montoya es la raíz del pueblo andaluz. No es angustia, porque con pena se puede sonreír, ni es un dolor que ciega, puesto que jamás produce llanto; es un ansia sin objeto, es un amor agudo a nada, con una seguridad de que la muerte (preocupación perenne de Andalucía) está respirando detrás de la puerta. Este poema tiene un antecedente en la canción del jinete que voy a decir, en la que a mí me parece ver a aquel prodigioso andaluz Omar ben Hafsún desterrado para siempre de su patria:

«Canción de jinete»
«Romance de la pena negra».

En el poema irrumpen de pronto los arcángeles que expresan las tres grandes Andalucías: san Miguel, rey del aire, que vuela sobre Granada, ciudad de torrentes y montañas; san Rafael, arcángel peregrino que vive en la Biblia y en el Corán, quizá más amigo de musulmanes que de cristianos, que pesca en el río de Córdoba; san Gabriel Arcángel anunciador, padre de la propaganda, que planta sus azucenas en la torre de Sevilla. Son las tres Andalucías que están expresadas en esta canción:

«[Arbolé arbolé]».

Como no tengo tiempo de leer todo el libro, diré sólo «San Gabriel»:

«San Gabriel».

Ahora aparece en el retablo uno de sus héroes más netos, Antoñito el Camborio, el único de todo el libro que me llama por mi nombre en el momento de su muerte. Gitano verdadero, incapaz del mal, como muchos que en estos momentos mueren de hambre por no vender su voz milenaria a los señores que no poseen más que dinero, que es tan poca cosa:

«Prendimiento»
«Muerte».

Pocas palabras voy a decir de esta otra fuerza andaluza, centauro de muerte y de odio que es el Amargo.

Teniendo yo ocho años, y mientras jugaba en mi casa de Fuente Vaqueros, se asomó a la ventana un muchacho que a mí me pareció un gigante, y que me miró con un desprecio y un odio que nunca olvidaré, y escupió dentro al retirarse. A lo lejos una voz lo llamó: «¡Amargo, ven!».

Desde entonces el Amargo fue creciendo en mí hasta que pude descifrar por qué me miró de aquella manera, ángel de la muerte y la desesperanza que guarda las puertas de Andalucía. Esta figura es una obsesión en mi obra poética. Ahora ya no sé si la vi o se me apareció, si me lo imaginé o ha estado a punto de ahogarme con sus manos.

La primera vez que sale el Amargo es en el Poema del cante jondo, que yo escribí en 1921:

«Diálogo del Amargo».

Después en el Romancero, y últimamente en el final de mi tragedia Bodas de sangre, se llora también, no sé por qué, a esta figura enigmática.

(Si hay tiempo, lee la escena: «Con un cuchillo [...]».)

Pero ¿qué ruido de cascos y de correas se escucha por Jaén y por la sierra de Almería? Es que viene la Guardia Civil. Éste es el tema fuerte del libro y el más difícil por increíblemente antipoético. Sin embargo, no lo es:

«Romance de la Guardia Civil española».

Para completar, voy a leer un romance de la Andalucía romana (Mérida es andaluza, como por otra parte lo es Tetuán), donde la forma, la imagen y el ritmo son apretados y justos como piedras para el tema:

«Martirio de Santa Olalla».

Y ahora, el tema bíblico. Los gitanos, y en general el pueblo andaluz, cantan el romance de Thamar y Amnón llamando a Thamar «Altas Mares». De Thamar, «Tamare»; de «Tamare», «Altamare», y de «Altamare», «Altas Mares», que es mucho más bonito.

Este poema es gitano-judío, como era Joselito, el *Gallo*, y como son las gentes que pueblan los montes de Granada y algún pueblo del interior cordobés.

Y de forma y de intención es mucho más fuerte que los desplantes de «La casada infiel», pero tiene en cambio un acento poético más difícil, que lo pone a salvo de ese terrible ojo que guiña ante los actos inocentes y hermosos de la Naturaleza:

«Thamar y Amnón».

# Manuscritos del
## *Romancero gitano*

El jinete se acercaba
tocando el tambor del llano
dentro de la cueva el niño
Tiene los ojos cerrados.
bronce y sueño el olivar venían
~~vienen~~ los gitanos  con cabeza levantada
(El niño tiene una flor  y ojos entornados
de luz y sangre en los labios.)

como canta la zumaya
¡Ay como canta en el arbol!

~~Arriba~~  #I
Por arriba va la luna
con un niño de la mano

Dentro de la fragua lloran
dando gritos los gitanos
El aire los vela ~~vela~~
el aire la esta velando.

—

1923, 29 de Julio

— La casada infiel —

Y que yo me la llevé al río

Y que yo me la llevé al río

creyendo que era mozuela

Pero tenía marido.

Fue la noche de Santiago

y casi por compromiso

Se apagaron los faroles

Y se encendieron los grillos.

En las últimas esquinas

Toqué sus pechos dormidos

y se me abrieron de pronto

como ramos de jacintos.

El almidón de su enagua

me sonaba en el oído

como una pieza de seda

rasgada por diez cuchillos.

Con la obscuridad cerrada Sin luz de plata en sus copas

Los arboles han crecido

y un horizonte de perros

Ladra muy lejos del río.

Pasadas las zarzamoras

los juncos y los espinos Bajo su mata de pelo

Hice un hoyo sobre el limo

Yo me quité la corbata

Y ella se quitó el vestido

Yo el cinturón con revolver

Y ella sus cuatro corpiños

Ni nardos, ni caracolas

Ti men el ents ~~fino~~ fino
Claro y ~~anuca termina~~          Ni los cristales con luna
~~ni ... aquel ~~          relumbran con ese brillo
Sus muslos se me escapaban
como peces sorprendidos
la mitad llenos de lumbre
la mitad llenos de frío.
Aquella noche ~~tan~~ ~~corrí~~
el mejor de los caminos
montado en potra de nacar
~~sin bridas~~ y sin estribos
No quiero decir por hombre
las cosas que ella me dijo
Ya luz del entendimiento
me hace ser muy comedido.
Sucia de besos y arena
Me la llevé ~~del~~ Tranquilo
con el aire ~~se~~ batían
las espadas de los lirios

me porté como quien soy
como un Amaya ~~legítimo~~ legítimo
le regalé ~~...~~ ~~los tuve~~
y ~~partido de~~ oro ~~pajizo~~

Y no quise enamorarme
porque teniendo marido
me dijo que era mozuela
cuando la llevaba al río

Enero 27 1926.

# — Romances gitanos —

## 1

La luna vino a la fragua
con su polisón de nardos
El niño la mira mira
El niño la está mirando.
En el aire conmovido
mueve la luna sus brazos
y enseña lúbrica y pura
sus senos de duro estaño.

~~Huye luna, luna, luna~~
~~que hará el caballo te pisa~~
~~Por los vientos, tu blancor~~

Si vinieran los gitanos
harían con tu corazón
collares y anillos blancos.
"Niño déjame que baile
cuando vengan los gitanos
Te encontrarán sobre el yunque
con los ojillos cerrados.
Huye luna luna luna
Que ya siento sus caballos
"Niño déjame, no pises
mi blancor almidonado.

Romance de Thamar
y Amnón }

San Gabriel.
San Rafael

quieren...

La luna gira en el ~~cielo~~ muerto
sobre las tierras sin agua
mientras el verano siembra
rumores de tigre y llama.
Por encima de los techos
nervios de metal sonaban.
Aire rizado venía
con los balidos de lana.
La tierra se ofrece llena
de heridas cicatrizadas
y estremecida de agudos
cauterios de luces blancas.
grandes ... pálidos
por detrás de las ramas
~~llovía~~ ~~estaba~~ ~~soñaba~~
quisieran de un venero...
los ... los de ...

Los ... se pintan mudas
miran

David con unas tijeras
cortó las cuerdas del arpa

Martirio de Santa Olalla.

—

(Panorama de Mérida)
Por la calle brinca y corre.     (Roma)
caballo de larga cola,
mientras juegan ~~los solda~~ o dormitan
Viejos soldados de Roma.
~~Detras de las ramas~~ ~~hermosas~~
medio monte de Minerva
abre sus brazos sin hojas.
Agua en vilo ~~nuevadecia~~ redoraba
las aristas de las rocas.
Noche de torsos yacentes
y estrellas de nariz rota
aguarda grietas ~~del dia~~ (del alba)
para derrumbarse toda.
De cuando en cuando ~~sonaban~~
blasfemias de cresta roja.
Al gemirla santa ~~casta~~ niña
quiebra el cristal de las copas
La rueda afila cuchillos
y garfios de aguda comba;
~~brama~~ el toro de las ~~sogas~~,
~~caballos~~ ~~que ya cabellos~~
y Mérida de ~~sus~~ coronas,
de nardos casi dormidos
y tallos de zarzamora

—

Dibujo de José Caballero, 22,8 × 16,1 cm, tinta sobre papel, 1935, Museo Nacional Centro de Arte Reina Sofía. La pieza, hasta hace poco atribuida a Salvador Dalí, fue propiedad de Lorca y en ella parece que Caballero se inspira en el apartado "El Martirio" del romance «Martirio de Santa Olalla». Es probable que el mismo Lorca colaborase con el pintor en la creación de la obra.

# Cartas sobre el
## *Romancero gitano*

# Carta de Salvador Dalí a Federico García Lorca sobre el *Romancero gitano*

[Cadaqués, principios de septiembre de 1928]

Querido Federico:

He leído con calma tu libro, del que no puedo estarme de comentar algunas cosas. Naturalmente me es imposible coincidir en nada a la opinión de los grandes puercos putrefactos que lo han comentado. Andrenio, etc., etc., pero creo que mis opiniones, que cada día van concentrándose en torno de la poesía, pueden interesarte algo.

I. Me parece lo mejor del libro, lo último, martirio de Santa Olalla, pedazos de incesto —Rumor de rosa encerrado—. Estas cosas pierden ya buena parte del costumbrismo, son mucho menos anecdóticas que las demás etc. Lo peor me parece lo de aquel señor que se la lleva el río. La gracia producto de un estado de espíritu basado en la apreciación deformada sentimentalmente por el anacronismo.

Lo de las enaguas del santito en su alcoba, san Gabriel, me es hoy en que a toda producción sólo admito la rabia en el crearla, una especie de inmoralidad —eso es lo que ha sido empleado por los franceses por el «esprit» francés asqueroso e inadmisible, Cocteau, etc. y del que todos hemos sido contagiados.

II. Tu poesía actual cae de lleno dentro de la tradicional, en ella advierto la substancia poética más gorda que ha existido: ¡pero! ligada en absoluto a las normas de la poesía antigua, incapaz de emocionarnos ya ni de satisfacer nuestros deseos actuales. Tu poesía está ligada de pies y manos a la poesía vieja. Tú quizá creerás atrevidas ciertas imágenes, o encontrarás una dosis crecida de irracionalidad en tus cosas, pero yo puedo decirte que tu poesía se mueve dentro de la ilustración de los lugares comunes más estereotipados y más conformistas.

Precisamente estoy convencido que el esfuerzo hoy en poesía solo tiene sentido en la evasión de las ideas que nuestra inteligencia ha ido forjando artificialmente hasta dotar a estas de su exacto sentido real.

En realidad, no hay ninguna relación entre dos danzantes y un panal de abejas, a menos que sea la relación que hay entre Saturno y la pequeña cuca que duerme en la crisálida, o a menos de que en realidad no exista ninguna diferencia entre la pareja que danza y un panal de abejas.

Los minuteros de un reloj (no te fijes en mis ejemplos, que no los busco precisamente poéticos) empiezan a tener un valor real en el momento en que dejan de señalar las horas del reloj y, perdiendo su ritmo circular y su misión arbitraria a que nuestra inteligencia los ha sometido (señalar las horas), se evaden del tal reloj para articularse al sitio que correspondería al sexo de las miguitas del pan.

Tú te mueves dentro de las nociones aceptadas y

anti-poéticas. Hablas de un jinete y este supones que va arriba de un caballo y que el caballo galopa; esto es mucho decir, porque en realidad sería conveniente averiguar si realmente es el jinete el que va arriba, si las riendas no son una continuación orgánica de las mismísimas manos, si en realidad, más veloz que el caballo resultan que son los pelitos de los cojones del jinete, y que si el caballo precisamente es algo inmóvil adherido al terreno por raíces vigorosas... etc., etc. Figúrate, pues, lo que es llegar como tú haces al concepto de un guardia civil. Poéticamente, un guardia civil en realidad no existe, a menos que sea una alegre y mona silueta viva y reluciente precisamente por sus calidades y sus piquitos que le salen por todos lados, y sus pequeñas correas que son parte visceral de la misma bestiecita, etc., etc. Pero tú..., putrefactamente —el guardia civil—, ¿qué hace? tal, tal, tal, tal irrealidad.

— Anti-poesía —

Formación de nociones arbitrarias de las cosas. Hay que dejar las cositas libres de las ideas convencionales a que la inteligencia las ha querido someter. Entonces estas cositas monas ellas solas obran de acuerdo con su real y consustancial manera de ser. ¡Que ellas mismas decidan la dirección del curso de la proyección de sus sombras! Y a lo mejor lo que creíamos que haría una sombra más espesa, no hace sombra, etc., etc. ¿Feo-bonito? Palabras que han dejado de tener todo sentido. Horror, eso es otra cosa, eso lo que nos proporciona lejos de toda estética el conocimiento poético de la realidad, ya que el lirismo solo es posible dentro de las nociones más o menos aproximativas que nuestra inteligencia puede percibir de la realidad.

Saldrá un artículo dedicado a ti en *La Gaceta* donde hablo de estas cosas, y además de la importancia del dato estrictamente objetivo obtenido anti-artísticamente por un riguroso método analítico. Pero dejémoslo, yo cada día puedo menos así, en cartas, en cambio hago largos y substanciosos artículos llenos de ideas.

Federiquito, en el libro tuyo que me lo he llevado por esos sitios minerales de por aquí a leer, te he visto a ti, la bestiecita que eres, bestiecita erótica, con tu sexo y tus pequeños ojos de tu cuerpo, y tus pelos y tu miedo de la muerte, y tus ganas de que si te mueres se enteren todos los señores, tu misterioso espíritu hecho de pequeños enigmas tontos, de una estrecha correspondencia horóscopa; tu dedo gordo en estrecha correspondencia con tu polla y con las humedades de los lagos de baba de ciertas especies de planetas peludos que hay.

Te quiero por lo que tu libro revela que eres, que es todo al revés de la realidad que los putrefactos han forjado de ti. Un gitano moreno de cabello negro corazón infantil, etc., etc., todo ese Lorca nestoriano decorativo anti-real, inexistente, solo posible de haber sido creado por los cerdos artistas, lejos de los pelitos y de los ositos y siluetas blandas duras, y líquidas que nos rodean, etc., etc.

¡Tú, bestia con tus pequeñas uñas, tú que a veces la muerte te coge la mitad del cuerpo, o que te sube por las uñitas hasta el hombro en esfuerzo esterilísimo! Yo he bebido la muerte en tu espalda, en aquellos momentos en que te ausentabas de tus grandes brazos, que no eran otra cosa que dos fundas crispadas del plegamiento inconsciente e inútil del planchado de los tapices de la Residencia;... ti, al lenguado que se ve en tu libro, quiero y admiro, a ese lenguado gordo, que el día que pierdas el miedo, y te cagues en los Salinas, abandones la Rima, en fin, el Arte tal como se entiende entre los puercos —harás cosas divertidas, horripilantes, [ilegible] crispadas, poéticas como ningún poeta ha realizado.

Adiós. Creo en tu inspiración, en tu sudor, en tu fatalidad astronómica.

Este invierno te invito a lanzarnos en el vacío. Yo ya estoy en él desde hace días; nunca había tenido tanta seguridad.

Ahora sé algo de Estatuaria y de claridad REAL, ahora, lejos de toda Estética.

Abrazos,

DALÍ

El surrealismo es uno de los medios de Evasión.

Es esa evasión lo importante.

Yo voy teniendo mis maneras al margen del surrealismo, pero esto es algo vivo. Ya ves que no hablo de él como antes; tengo la alegría de pensar muy distintamente al verano pasado. ¿Qué fino eh?

# Carta de Luis Buñuel a Pepín Bello
## sobre el *Romancero gitano*

París, 14 de septiembre de 1928

Querido Pepín:

Seamos activos y escribámonos. Bonita manera de terminar una carta y estúpida. Desde Sevilla y hablar así. Recibí tu carta y fotos, que me han desilusionado mucho. Qué antifotogénico, Pepín. Y yo que había pensado en ti como en una mezcla de Menjou y de Pollard. Pero veo que no pasas de antropopiteco: un Bécares bigotudo y frívolo, eso es Pepín. Aun así se intentará darte un papel previo bout d'essai, y por cierto tengo uno en mi film que ni pintado para ti si la prueba de tu físico da buen resultado. Tal vez comience en octubre. Ahora termino el découpage y comienzo el presupuesto. Ya nos pondríamos de acuerdo. Iré a España a comienzos de octubre con algo ya definitivo. Aparte de mi primer film, no sé si te he dicho que la Julio César está en tratos conmigo para tomarme como realizador. Espero en París a su director señor Palles para intentar un arreglo definitivo. Sería estupendo para mí, pues firmaría contratos para algunos años y no cesaría de filmar. La sociedad hace sus films en Francia, Alemania e Inglaterra. Nuestro general Perojo está empleado allí.

A Federico lo vi en Madrid, volviendo a quedar íntimos; así mi juicio te parecerá más sincero si te digo que su libro de romances me parece, y parece a las personas que han salido un poco de Sevilla, muy malo. Es una poesía que participa de lo fino y aproximadamente moderno que debe tener cualquier poesía de hoy para que guste a los Andrenios, a los Baezas y a los poetas maricones y Cernudos de Sevilla. Pero de ahí a tener que ver con los verdaderos, exquisitos y grandes poetas de hoy existe un abismo. Abro el libro al azar:

San Miguel lleno de encajes
En la alcoba de su torre
Enseña sus bellos muslos
Ceñidos por los faroles.                    (Bueno y qué)

Preciosa coge el pandero
Y corre sin detenerse.                      (Bueno y qué)

Preciosa llena de miedo
Entra en la casa que tiene
Más arriba de los pinos
El cónsul de los ingleses.                  (Bueno y qué)

Silencios de goma oscura
Y miedos de fina arena.          (Con esto se corre Baeza)

Hay dramatismo para los que gustan de esa clase de dramatismo flamenco; hay alma de romance clásico para lo que gustan de continuar por los siglos de los siglos los romances clásicos; incluso hay imágenes magníficas y novísimas, pero muy raras y mezcladas con un argumento que a mí se me hace insoportable y que es el que ha llenado de menstruaciones las camas españolas. Desde luego lo prefiero a Alberti, que está tocando los límites del absurdo lírico y cuyos poemas vienen a ser esto:

Tataracha tatarera
Barabacha Platko tira
Putupuntun tuputun
Perrian plan plan plan, pataplan.

Nuestros poetas exquisitos, de élite auténtica, antipopulacheros, son: Larrea, el primero; Garfias (lástima de su limitación y escasez de imaginación; sus efusiones serían divinas si tuviera solo la mitad de fantasía que Federico); Huidobro; a veces el histrión de Gerardo Diego, y la verdad, los demás no me excitan como al grupo de Mediodía.

A María Luisa no la vi aún. Ha tenido otro hijo, y no sé cuándo va a parar. Vicens metido en su librería siempre, y yo con mi cine, mis artículos y mi preparación para el próximo debut. *La Gaceta* del día 1 de octubre está dedicada íntegramente al cine. Léela.

Abrazos (tú eres más foto, etc., que no lo que pareces en los retratos que me has enviado).

LUIS

# Índice de contenidos

Tres romances históricos

Apéndices